JN411027

20　　년　　월　　일

______________________님께

평화를 담아 드립니다

이 책의 수익의 일부는
전 세계 18세 미만의 어린이에게 기부됩니다.
고맙습니다.

Mum, Big Hug please

초판 1쇄 발행 2019년 11월 10일

지 은 이 임서연 (Grace)
발 행 인 권선복
편 집 오동희
디 자 인 최새롬
전 자 책 서보미
발 행 처 도서출판 행복에너지
출판등록 제315-2011-000035호
주 소 (157-010) 서울특별시 강서구 화곡로 232
전 화 0505-613-6133
팩 스 0303-0799-1560
홈페이지 www.happybook.or.kr
이 메 일 ksbdata@daum.net

값 17,000원
ISBN 979-11-5602-757-7 03810

Mum, Big Hug please

엄마, 꼬옥 안아주세요

임서연 (Grace) 지음

가장 따뜻한 건

Hug예요.

추천사

우리의 삶은 엄마의 품에서 시작했다

인간은 갓난아기일 때부터 엄마의 품속에서 자란다. 유년기를 지나 어른이 되어서도 자기를 품어 안아주면 안도감을 느끼고, 포근한 마음이 들어 위로가 되며 정신적으로 편안함을 갖게 된다.

비난이나 질책보다는 칭찬이 격려에 도움이 되고, 슬픔을 겪는 이에게는 말과 글로 위로해 주는 것보다 함께 울어주고 안아주는 행동이 더 위로가 된다.

세상살이가 힘들어 더욱 메말라 가는 세태 속에서 감성이 풍부한 저자의 경험으로부터 나온 수필을 통해 우리 모두 엄마의 따뜻한 품을 느껴보면 조금이나마 안도와 평안함 속에 머물 수 있으리라 본다.

심리학을 공부하고 엄마로서의 역할과 학생, 기업인들을 위한 코칭을 하면서 가족과 주변사람들과의 관계에서 얽힌 옹이를 감추지 않고 들어내어 외려 가슴 아린 이들의 옹이를 풀어주는 멘토와 같은 저자의 모습에서 여성 지도자의 품격을 느낀다.

행복하려면 행복한 사람 곁에 있어야 한다고 하듯, 저자의 마음이 담긴 책을 읽어보면서 소소한 독서 여행을 통해 소확행의 삶을 엿보고 저자에게 큰 박수를 보내며 우리사회의 어려운 이웃을 안아주고 저자의 인생길을 동행해 보시길 희망해 본다.

인간개발연구원 **한영섭** 원장

추천사

임서연 대표를 여성벤처협회에서 처음 만났다. 늘 싱그러운 미소의 주인공이자 세련된 패션 감각으로 유독 눈에 띄었다. 그리고 얼마 지나지 않아 사람들의 마음을 치유하는 심리상담 일을 하고 있으며, 해외에서 거주한 시간이 꽤 길었다는 것을 알게 되면서, 사람들을 향한 그녀의 싱그러운 미소의 비밀도, 세련된 이국적 패션 코디의 비결도 알게 되었다.

임서연 대표의 책 『Mum, Big Hug please』는 그녀의 일상을 담은 잔잔하면서도 편안한 책이다. 소녀로서의 그녀, 엄마로서의 그녀, 치유자로서의 그녀, 한때 치유가 필요했던 이였을 때의 그녀, 일하는 프로로서의 그녀, 평범한 아줌마로서의 그녀 등이 모두 담겨있다. 그리고 그녀의 그런 모습 속에서 우리는 어느덧 우리의 모습을 보게 된다.

하루하루 잊고 있었던 일상과 귀한 만남 그리고 아름다운 추억 속에 남겨진 보석 같은 순간들을 기록한 이 책은, 우리를 돌아보게 하고, 결국은 우리를 사랑하게 만드는 힘을 준다. 특별하지 않았던, 그러나 사실은 특별함 이상이었던 순간들을 기록한 임서연 대표의 『Mum, Big Hug please』. 우리는 이 책을 읽는 내내 그녀의 지난 일상의 순간을 넘어, 우리 삶의 아름다운 이슬 같았던 맑은 순간들을 떠올리게 될 것이다.

우리 일상의 아름다움과 소중함을 일깨워 준 고마운 임서연 대표Grace를 향해 나 또한 이렇게 외치고 싶다. 'Grace, Big Hug please.'

(주) 테르텐 대표 **이영**/
(주) Y Alliance Investment 대표/
전 여성벤처협회 회장

Prologue

이번 주에 둘째 딸 민트가 개복 수술을 받아야 하는 일이 생겼습니다.

네덜란드 연수 내내 귀국 후 이 아이의 수술을 어떻게 해야 하나 생각하고 기도하고 지냈습니다.

귀국하자마자 수술 일정을 잡고 화요일 아침 아이와 함께 루니 동물병원을 찾았습니다.

2시간 동안 링거를 꽂고 수액을 맞는 내내 제가 한 일은 그 아이를 안고 등을 쓰다듬어주는 것뿐이었습니다.

작고 귀엽지만 2시간 내내 아이를 쓰다듬는 일은 그리 쉽지는 않았습니다.

다만 cage에 들어가고 혼자 수액을 맞고 수술대에 누운 뒤 다시 혼자 깨어나는 일이 얼마나 어려울까, 성인인 사람도 힘들 텐데 이 아이는 더하겠지. 부디 외롭지 않기를, 엄마가 지켜주고 함께하고 있음을 알려주고 싶었습니다.

그 덕분인지 감사하게도 아이는 예후가 좋아 당일 퇴원하게 되었고, 이틀 후 병원을 찾았을 때 보기 드문 아이라며 친절한 수의사 선생님께 칭찬도 받았습니다.

이렇게 작은 예에서 볼 수 있듯이 저는 stroke(쓰다듬는 일), Hug(보듬는 일) 그리고 사랑하는 사람들의 Kiss가 세상을 살아가게 하는 근원이라고 생각하고 있습니다.

최성애 박사님으로부터 배운 것이 있습니다. 과학적으로도 증명된 이야기입니다. 아침에 가족들을 배웅할 때 6초 정도의 Hug를 하면 연결 호르몬인 옥시토신, 바소프레신이 나와 정서적으로 안정감을 준다고 합니다. 이뿐만이 아닙니다. 하루에 8번 hug를 하면 충분한 정서적 지지를 주고받을 수 있다고 합니다.

불편한 상대, 불편한 상황이 아니라면 적극적으로 Hug를 했으면 좋겠습니다.

Hug를 할 때는 손을 상대의 등 뒤에 X자로 얹고 서로의 심장을 마주한 채로 하면 됩니다. fellowship을 느낄 수 있는 좋은 Hug의 자세입니다.

글쓰기는 정말 자기 정화의 작용이 탁월합니다.

부족한 글을 쓰며 억울함이 몰려오기도 해 펑펑 울었습니다.

속이 후련해지기 시작했습니다.

아주 많이 후련합니다.

제가 출세했습니다.

분당의 작은 일을 하고 있는 철없이 행복한 아줌마가 책을 썼으니까요.

10년 전부터 써놓았던 글을 끙끙거리고 있던 참에 권선복 대표님의 응원에 힘입어 이렇게 내어놓았습니다. 고맙습니다.

보이게, 보이지 않게 함께 해주신 귀한 손길에 머리 숙여 감사 드립니다.

2019년 가을

임서연 (Grace)

Contents

02

가족이란 이름으로

03

꽃길 걸으며 만났습니다

04

내 머릿속의 정원

• • •

Mum, Big Hug please

01

…

나는 날라리 엄마

50세가 되니

비로소
평안하다

비가 온 후에야
무지개를 찾을 수 있고
어둠이 깔린 후에야
별빛을 볼 수 있다

- 오스카 와일드 -

"나는 내 삶이 두 번째로 꽃피우는 시간을 즐겼다. 온갖 감정과 수많은 인간관계로 뒤엉킨 삶이 지나간 뒤 50세 무렵, 갑자기 새로운 삶이 눈앞에 펼쳐졌다. 생각할 것, 공부할 것, 읽어볼 것으로 가득한 삶이었다. 가슴속에서 새로운 아이디어와 생각이 솟아올랐다."

늘 서재에서 살인 사건을 다룬 책만 쓰던 세계적인 추리 소설가 아가사 크리스티도 오십대 예찬론자였다고 한다. 그녀의 말이 나의 삶에도 어느 정도 들어맞았다.

지천명知天命에 들어서자, 나의 마음이 비로소 평안해졌다. 갱년기에 들어선 여인들에게 '완경'이라는 단어를 사용하는 것과 같이 50이라는 나이는 여인으로서 완성된 숫자를 의미한다. '내가 더 잘났어, 더 많이 가졌지, 우리 아이가 더 낫다…' 등의 유치한 감정들은 사라지게 되기 때문이기도 하다. 주어진 운명을 바라보고 힘닿는 데까지 노력하면 된다고 생각하고 이를 즐기며 살고 싶다. 환경이 180도 바뀌는 것도 원치 않는다.

故박완서 선생님은 나이가 들면 삶이 주는 평안함을 누릴 수 있다고 말했다. 몸빼바지를 입고 나들이를 할 수 있고, 남의 시선을 의식하지 않으며 살 수 있다는 것이다. 故박경리 선생님 또한 남 탓을 하지 않고 남에게 강권하지 않게 되는 것에서 나이가 주는 평안함을 발견했다고 하신다.

문득 각자 계절에 맞는 꽃을 피우라는 유명 작가의 말이 마음에 와닿는다.

나에게 어울리는 꽃은 무엇일까? 난 가을꽃이고 싶다. 가을꽃의 대명사인 국화보다는 과꽃이면 좋겠다. 어린 시절, 우리 집 시멘트 벽돌 담장 밑에서 햇살을 받고 자라던 그 꽃이기를 바란다.

50세 즈음해서 몇 가지 변화를 즐기고 있다. 치열했던 아이들의 입시가 끝나고 나니, 온전히 나를 위한 공부를 하고 싶다. 운 좋게도 몇 개의 CEO 교육과정에 등록했다. 늦공부가 어찌나 즐거운지, 모범생으로 소문이 났다.

"임 원장, 어렸을 때 못 한 공부를 지금 하는 거야?" 함께한 전직 장관님이 묻기도 한다. 그분은 내 열정의 근원에 '결핍'이 있다고 생각하신 모양이다. 하지만 나는 이 순간이 즐겁다. 현재 나에게 필요한 공부를 하며 열정으로 학구열을 불태우는 내가 자랑스럽다.

40대 후반이 되면서 조금씩 몸이 아파오고 노안도 시작되니 자연스레 운동을 하게 된다. 자기관리 역시 50세가 주는 축복 중 하나다. 나는 유독 운동을 힘들어했었다. 학창시절에도 그 흔한 달리기 1등을 하지 못했고, 체력 검사는 항시 평균 이하였다. 체육 선생님이 "젓가락"이라 나를 불렀을 정도로 약하고 자주 아팠다. 20대에는 스스로의 건강을 자신해 운동을 멀리했고, 30대에는 아이양육과 남편 내조로 얼굴 화장도 지우지 못한 채 쓰러진 날들이 많았다. 시간과 마음의 여유가 생긴 지금, 온전히 나에게 집중할 수 있는 운동이 마냥 즐겁다.

고등학교 시절 의무감으로 읽었던 문학 서적을 이제는 자유의지로 읽게 된 것도 지금 내가 즐길 수 있는 호사다. 나는 당신의 4남매가 좋은 대학에 진학하기를 바라는 마음에서 어머니가 주문한 세계문학전집을 읽고 머리가 아픈 적이 있었다. 영국이나 독일의 생소한 거실 풍경, 우리와는 다른 삶의 방식이 드러난 책을 좀처럼 이해할 수 없었기 때문이다. 영국과 러시아에서 생활을 해 본 후, 그 소설들을 다시 찾았다. 나의 삶이 켜켜이 쌓여 이제는 이해의 폭이 넓어졌으니 따분하던 소설이 마냥 흥미롭다.

자연도 눈에 들어온다. 소박한 아름다움을 즐길 수 있다. 사람들의 허물보다는 장점에 주목한다. 남의 탓은 하지 않는 편이다. 지식보다는 지혜에 목마르다. 마음의 여유를 가지고 삶의 길을 걷고 있다. 50대가 되니 이렇게 평안할 수가 없다.

사계절의 순서는 봄 여름 가을 그리고 겨울이지만, 내 인생의 사계절은 20대까지가 겨울이고 결혼, 출산, 육아로 이어지는 3, 40대가 가을, 막내가 대학을 입학하고 난 지금이 여름이라 느껴진다. 인생이 편안하니 누군가 작은 시비를 걸어도 별로 반응하지 않고 그러려니 하게 된다.

바쁘게 살아왔으니 조금은 느리게 존재하는 것을 즐기며, 그 흔한 광고 멘트처럼 '삶을 누리며' 살고 있다.

그렇게 내 인생의 마지막 후반은 벚꽃 흐드러지게 피는 선한 봄으로 마치고 싶다.

난

날라리 엄마

누군가를 교육한다는 건
화를 내거나
자신감을 잃지 않고
거의 모든 것에
귀 기울일 수 있는
능력을 말한다

- 로버트 프로스트 -

"임서연 또 아침밥도 안 주고 나가네."

아들이 제법 큰 소리로 비아냥거린다. 조찬 모임에 참석하기 위해 현관문을 열고 나서려는 순간, 나의 등 뒤에다 하는 말이다. 맞는 소리다. 난 아이의 아침밥도 차려주지 않고, 내가 해야 할 일을 우선순위에 두는 소위 '날라리' 엄마다.

내가 자칭 날라리라고 하는 이유는 몇 가지가 있다. 난 체력이 달려서 어떤 일을 수행하지 못하게 되면 아이들에게 직접 이야기하는 편이다. 내게는 과분한 일이라고 말이다.

딸아이가 기숙 고등학교를 다닐 때 일이다. 버스로 한 시간 거리에 있는 학교이기에 토요일이 되면 대부분의 학부모들은 자녀를 집으로 데려오고 일요일 저녁이면 다시 학교로 바래다준다. 나는 어쩌면 당연했던 이 일을 할 때도, 그렇지 못할 때도 있었다. 아이는 입을 쑥 내밀며 "날 사랑은 해?"라고 불만을 토로했다.

"엄마가 힘이 들어."

"약속이 있어."

딸의 불평에 내 형편을 늘어놨다. 할 수 없이 아이는 왕복 2시간 거리를 버스를 타고 오고 간 적이 있다.

나는 아이들이 받은 성적과 등수를 정확히 알지 못한다. 대략적으로 어느 그룹에 속하는지 정도만 파악했다. 시험이 끝나면 고생했으니 영화를 보러 가자고 건의를 했다. 나중에 아이의 담임선생님께 전해 들은 이야기지만, 딸아이는 내가 자기를 향해 내민 한 발의 관심이 좋았단다. 그러니까 엄마가 자신에게 한 발만 들여놓아 준 것이 고마웠다고 했다.

한번은 3년간 남편과 아이들이 러시아 블라디보스토크에 머문 적이 있었다. 남편의 회사일로 인해 아이들까지 러시아 학교를 다니게 된 것인데 나는 그들과 함께하지 않았다. 처음부터 러시아에 가지 않겠노라 계획한 것은 아니었지만 여하튼 결과는 그랬다.

남편이 3개월 먼저 러시아로 떠난 후, 나는 아이들을 데리고 블라디보스토크가 살 만한 곳인지 탐색하기 위해 현지에 머물렀다. 머물렀던 2주간의 시간 동안 살기 어렵다는 느낌이 강하게 일었다. 모성애가 강한 엄마라면 자신을 희생해서라도 그곳의 생활을 감내했겠지만, 나는 귀국을 결정했다. 엄마 없이 지낸 3년이 힘들었던 딸아이는 지금도 그때의 나의 이기적인 결단에 불평을 쏟아내곤 한다.

"미안해. 엄마가 그리 훌륭하지 못해서." 지금도 나는 아이들에게 사과한다.

아들과 남편은 표현하지는 않았지만 주위에서 이혼했냐며 수군댔던 모양이다. 이후 내가 명절을 쇠러 블라디보스토크에 갔을 때 갑자기 딸이 가족사진을 찍으러 가자고 해서 러시아 사진관에 제법 큰돈을 지불하고 사진을 촬영했다. 대문짝만 하게 현상된 사진은 거실의 한 공간을 꽤 오랫동안 차지했던 것으로 기억한다.

정확한 수치를 말할 수는 없지만 약 30%의 의도적인 결핍을 아이들에게 제공한다. 예를 들면 교환학생으로 타지에 있는 딸이 인스턴트식품이나 화장품 등을 보내주었으면 할 때, 아이가 원하는 것을 전부 사서 소포로 보내는 일은 하지 않았다. 의도적으로 70-80%의 물품만 구입해서 우체국으로 향한다. 나 역시 런던에 약 5년간 머물렀을 때, 한국에서 소포가 도착하면 그때 잠깐만 고마움을 느꼈던 기억이 있다. 딸을 생각하며 준비하는 엄마의 마음은 곧 잊어버리기 일쑤였고, 목록에 없는 것을 받았을 때는 쓸데없는 것을 보냈다는 생각도 들었다.

난 넘치는 것은 모자람만 못하다는 과유불급을 아이들에게 적용하는 편이다. 물질적으로 풍족하지 않게 자랐던 나는 결핍이 주는 겸손과 부족함을 스스로 메워나가는 단계적 성취감의 기쁨을 누구보다 잘 알고 있다. 아이들도 내가 걸어온 이 계단을 오르기를 바란다.

의도적으로 하는 일이 또 있다. 아이들에게는 나의 생일만큼은 꼭 챙겨 받는다. 2년 전에는 엄마에게 감사한 것 50가지를 써서 생일에 읽어주면 좋겠다고 아들아이에게 말했다.

"아… 임서연이 이제 마녀 짓을 한다."며 아들이 투정을 부린다. 하지만 정작 내 생일에는 자신이 써내려간 글을 읽으며 웃다가 이내 두 눈에 눈물이 반짝인다.

아이들이 모스크바에 머물렀을 때 딸이 한국 꽃집에 연락을 했고, 생일 당일 꽃을 받을 수 있도록 성의를 보였다. 반면, 아들은 케이크 모양의 이모티콘을 보낸 것이 전부였다. 겨울방학을 가족과 함께 보내기 위해 귀국한 아들에게 장을 보러 가자고 했다. 그리곤 중저가 화장품 가게 앞에 서서 말했다.

"엄마는 산호 빛 컬러의 립스틱을 좋아하고, 작년에 받지 못한 생일선물로 받고 싶어."

아들은 마지못해 가게에 들어섰다. 이윽고 친구를 만난다기에 수내역 근처로 바래다주는 길에 차를 문구점 앞에 세우고 다시 한번 말했다.

"생일카드도 꼭 받고 싶어."

이내 아들이 작은 카드에 그 립스틱을 둘둘 말아 다정하지 않은 목소리로 말했다.

"엄마 생일 축하해요."

카드 내용은 '엄마 축하해요'라는 다소 진부한 내용에 나를 놀리려는 참인지 금이 간 하트가 그려져 있다. 조금 치사하지만 그래도 의도적으로 엄마도 생일이나 기념일을 축하받고 싶다고 이야기한다.

아이들이 아주 어릴 적부터 난 아이들 몸의 소유권을 주장해왔다. "너희들의 몸에서 반은 엄마 꺼야." 하며 아이들의 몸 1/2을 내 것으로 정해두었다. 아이들은 사회에서도 인정해 주는 성인이 되었다며 어이없는 듯 바라보지만, 꿋꿋하게 내 것임을 주장한다. 자신의 소유이자 부모의 소유이기에 함부로 사용하지 말라는 암묵적인 메시지가 담겨있다.

"첫 월급부터 100만 원은 엄마에게 주는 거야."

이 어처구니없는 요구를 10년간 계속 주장을 하며 세뇌를 시키니 이제는 아이들 모두 엄마에게 졌다 하는 표정이다. 딸아이는 마지못해 다짐했다가, 취직의 문턱에서 본인이 원하는 곳에 취업을 해도 월급이 200만 원 조금 넘는다는 것을 알고 난 후에는 걱정스러운 얼굴로 묻는다.

"엄마에게 100만 원을 주면 난 어떻게 저축하고 언제 결혼하지?" 하지만 나도 지지 않는다. 엄마는 꼭 받고 싶다고.

초등학생 때 이 요구를 들은 아들은 왜냐고 되물었다.

"엄마가 너희를 키웠고 앞으로도 키울 거니까."라는 나의 대답에 그렇게 큰돈은 줄 수 없다며 강하게 부정했다. 이후 중학생이 된 아들은 줄 수 없고, 엄마가 찾아오면 먼 나라로 도망을 가겠노라 엄포를 놓았다. 그래도 매월 받고 싶다고 어필하니, 심지어 소송을 해서라도 줄 수 없단다.

아들이 속상하게 한 날이면 "그럼 넌 백십만 원을 더 줘야 하고, 누나는 구십만 원으로 할 거야."라고 하니 "아빤 짜장면 한 그릇이면 된다는데, 왜 그래?"라며 어이없다는 듯 묻는다.

"아들, 네가 월 1억을 벌어도 엄마에게 100만 원만 주면 되니 얼마나 다행이야?" 하며 안심되게 세뇌한 적도 있었다.

이 말을 아이들에게 할 때마다 결코 긍정적인 대답이 오지는 않지만, 그럼에도 나는 또 말한다. 받은 돈을 차곡차곡 저금해 다시 돌려주더라도 난 꼬옥 받고 싶은 마음이다.

오늘 난, 이 내용이 담긴 서약서를 인쇄했다. 집에서 가장 눈에 잘 띄는 벽에 프린트된 용지를 붙여놓았고, 사진을 찍어 러시아에 있는 아들에게도 전송했다. 나는 꼭 받고 싶다.

밥 안 차려주는

나쁜 엄마

식탁을 차리면 싸움이 멈출 것이다

- 히브리 격언 -

얼마 전 '밥 잘 사주는 예쁜 누나'라는 드라마가 나왔기에 패러디로 제목을 붙여보았다. 순전히 내 개인적인 생각이지만 학사 그리고 석사 위에 박사 그 위의 학력이 '밥사'라고 생각한다.

나는 누군가에게 밥 사는 일을 무척 즐긴다. 그것도 분당에서 가장 안전하고 맛있고 전망 좋은 곳에서 말이다. 사람들의 입속에 맛난 밥을 넣어주는 일은 참 기분이 좋다. 밥심으로 산다는 말도 있지 않은가. 실제로 밥을 자주 사니 좋은 일도 많이 생겼고, 그 축복을 계속 받고 싶다. 그래서 내 지출의 많은 부분은 타인에게 밥을 사는 일로 이루어진다. 밥을 먹으며 서로 인생에 대해 이야기도 하고, 앞으로의 계획은 이렇다, 저렇다 하며 조언을 나누기도 한다.

나와 일하는 직원들과도 일주일에 한 번은 꼭 맛집을 찾아 점심을 먹으며 이야기하는 것이 원칙이다. 밥을 먹으며 즐거웠던 일, 슬펐던 일, 기분이 상했던 일 등 일상을 이야기하고 무엇을 도와주어야 할지, 어떤 요청을 해도 되는지 조율도 한다. "이번 주는 백합구이 먹으러 가자." "코다리 정식은 어때요." "원장님 고려 삼계탕이 좋겠어요." 하며 의견을 내는 과정도 즐겁다.

동서고금을 막론하고 밥을 안 해주는 여자가 제일 나쁜 여자라고들 한다. 그래 가장 나쁜 여자가 되어도 할 수 없다. 난 밥을 잘 안 차려주는 나쁜 엄마다.

정확히 말하자면 밥을 안 해주는 게 아니라 상황에 따라 차려주지 않는 편이다. 아내이자 엄마라면 마땅히 밥을 차려주어야 한다는 생각에 반대한다. 밥과 반찬과 국이 있으니, 먹고 싶으면 직접 차려 먹으면 되지 않을까 한다.

특히나 남편과 말다툼을 한 다음 날에는 꾸역꾸역 아침을 차려주고 싶지 않다.

약혼시절 나를 인천의 요리학원에 등록시킬 정도로 식성이 까다로운 남편은 두 번 이상 같은 반찬이 올라오면 꼭 지적을 한다. 기분도 상해있는데 거기다 반찬 신경까지? 그러면서 상을 차리고 싶지 않다.

시어머니 살아계실 적 주말 내내 시댁에서 시달렸을 때는 체력도 마음도 너덜너덜해져 월요일 아침엔 절대 식탁을 차리고 싶지 않았다.

그래도 젊은 시절에는 어떻게든 상을 차렸다. 고소한 누룽지까지 물에 넣고 끓여 술술 넘어가게 해주었다. 남편은 고운 갈색으로 눌러진 누룽지를 좋아했다. 딸아이도 아직까지 어린 시절 함께 먹었던 누룽지에 대해 이야기하곤 한다.

지금은 그렇게 무조건 상을 차리는 일은 거부한다. '남편이 자신의 역할을 다하지 않았는데, 왜 나만 내 역할을 해야 하는 것인가'라는 생각이 들고, 말다툼이 있을 때조차 모든 것을 해결해 주면 내가 받아야 할 권리를 어떻게 요구할 수 있을지 의문이기에.

이 '때에 따라 밥 안 차려줄 수도 있다'는 영국유학 시절 1개월 체류 예정으로 온 시어머니가 계획을 바꾸어 2개월을 머물기로 한 과정에서 생겨났다.

런던에서 빠듯하게 유학하는 아들을 보기 위해 많은 짐을 들고 오신 시어머니는 명품shop에서 엄청 물건을 사며 돌아다니셨지만, 그중 나를 위한 것은 하나도 없었다. 아이들 학교 보내랴, 영어 공부하랴, 식사 준비하랴, 한국 식재료 구하랴, 그리 녹록치 않은 형편에 진땀나게 살고 있는 나였는데, 한번은 탕수육을 했더니 고기가 왜 이리 질기냐며 음식 타박을 하는 것이다. 힘이 빠지며 '어머님이 만들어 드세요' 하는 말이 목구멍까지 올라왔다. 윈저 성을 관람하기로 한 날에는 이른 시간 일어나 김밥을 만들고 아이들을 챙기고 있는데 김밥을 만들고 남은 설거지는 언제 하냐고 물으셨다.

나보고 어쩌라고. 그럼 돕든가! 그 상황에서도 남편은 아무 말도 하지 않고 방관자처럼 서서 배신감을 안겨주었다.

그 두 사건이 연달아 일어나자 나는 심하게 화가 나게 되었고, 다음 날 아예 점심이 되어서야 일어나 버렸다. 당연히 밥도 해주지 못했다. 난리가 났음을 짐작할 수 있을 것이다. 시어머니는 귀국해서 친정엄마를 찾아가 항의까지 했다고 한다. 아이고 세상에.

결국 엄마한테 국제 전화가 와 사실대로 이야기를 했더니 그러면 안 된다고 타이르시면서도 속이 시원하다고 하신다. '얼마나 입초시를 해댔으면' 하고 말씀하시면서.

다른 얘기지만 내가 아는 선배님은 부부싸움을 해도 식탁은 꼭 차려놓는다고 한다. 문을 꽝 닫고 들어가더라도 밥을 차려놓는 것에는 화해의 의미가 있기 때문에. 맞다, 그 말씀이 맞다.

그러나 나는, '밥 차려주고 내 할 일 다 해주면 불편함이 없으니 자신의 입장만 계속 고수할 것이고, 나의 요구를 찾을 수 없지 않은가?'라고 생각하게 된다. 주는 것이 있으면 오는 것이 있어야 하듯, 무조건적인 희생은 하고 싶지 않은 게 솔직한 심정이다.

소규모 사업이지만 바깥일을 하면서 가족의 식사를 전부 챙기는 것은 무척 어려운 일이다. 처음에는 양쪽을 다 충족해 보려 했지만 어느 쪽도 만족하지 못하였다. 컨트롤을 할 수 있는 일이 아님을 알게 된 후에 깨끗하게 포기했다. 사정이 허락하면 식탁을 차리지만, 그렇지 못하면 못 한다고 이야기한다. 그래도 아이들에게만큼은 못내 미안한 마음이 들어 대학 진학을 할 당시엔 최대한 밥을 차려주려 했다.

모스크바대로 교환학생으로 가게 될 딸아이가 한국요리를 배우고 싶다는 의사를 비추기에 일주일에 한 번 한국음식을 만들 수 있는 강남의 요리학원에 보내주었다. 앞으로 밖에서 살 기회가 많은데 먹고 싶은 음식이 있어도 할 줄 몰라서 다른 이에게 의지하게 되는 경우를 예방해 주고 싶었다. 천천히 일주일에 한 가지씩이라도 배워두면 언젠가 영혼을 채워줄 따뜻한 음식을 해 먹을 수 있지 않을까? 친구의 물음에 그런 대답을 했더니 감동의 눈빛을 보낸다. 호호.

딸아이가 요리 학원에서 만든 음식

아들아이에게도 요리학원에 등록하고 싶냐고 물으니 아직은 아니라 한다.

"임서연 또 아침도 안 주고 나간다."고 투덜대지만 나는 뒤통수로 들으며 내 일을 하러 간다. 그래도 저녁에 집에 있을 때가 있으면 밖에 있는 아이에게 "뭐 먹고 싶은 거 있어?" 하고 먼저 물어본다. 일정이 맞으면 맛있게 준비해 주고, 아이의 스케줄이 안 되면 No.가 되는 것이다.

며칠 전에는 운 좋게 연이틀 저녁을 집에서 머물게 되었다. 아들이 "나 언제 들어가는데 고기 구워줄 수 있냐"고 하기에, 운동을 하다 말고 바로 주방으로 가서 저녁을 차려주었다. 소박한 찬이지만 정말 맛있게 먹었다고 고맙다는 말을 두 번이나 한다. 어쩌다 한두 번 입맛에 맞게 차려준 밥상에 고맙다는 말을 연속으로 들으니 이것도 나쁘지 않다.

계모 같다고 하겠지만, 식탁을 차려주어도 아무 말을 하지 않으면 "아들, Say" 하고 "잘 먹었습니다."라고 말하기를 요구한다. 음식을 만들어준 사람에 대한 예의라고 하면서. 그래서 가끔 엄마는 너무 날로 먹는다는 진심 반 조롱 반의 투덜거림을 듣기도 한다.

이제는 다들 익숙해져서 나 없이도 셋이서 척척 밥을 자알 차려 먹고 있다. 무척 다행이다.

이런 불성실한 나이지만 그래도 한번 식탁을 차릴 때는 정성을 들인다. 반찬 용기를 그대로 내놓은 적은 한 번도 없다. 예쁘지도 않을뿐더러 '집에서 대접받지 못하면 밖에서도 대접받지 못한다'는 말을 믿기에 더욱 그렇다.

영국 생활을 하며 예쁜 그릇을 많이 수집했다. 그 그릇들을 아끼지 않고 쓴다. 유기 수저와 면 냅킨도 깔아 놓는다. 그렇게 하면 음식도 더 고급스러워 보이고 먹는 사람도 멋져 보인다.

19년 전 사서 매일 열심히 쓰던 이태리 식탁 쟁반이 정말 너덜너덜해졌다.

곧 다시 쟁반을 사러 가야겠다.

친구에게 물어보니 남대문 시장 어디선가 팔 것이라고 한다.

Pony

tail

사람들의 마음속에는

저마다 참된 문장이 있지만

다른 사람들의 몇 마디 말에

묻혀버리곤 한다

-채근담-

내게 있어 가장 잘 어울리는 hair style은 머리를 뒤로 묶어 약간 위로 올리는 말꼬리 모양의 pony tail이다. 학원에서 일하고 있는 유능하고 맘 좋은 Philip 선생님은 “원장님, 오드리 햅번처럼 short cut도 어울릴 것 같아요.”라며 hair style의 변화를 추천해 주기도 하였다. 그러나 안타깝게도 그러한 스타일로 머리를 하기가 쉽지는 않다. 내 양쪽 목에 있는 상처 때문이다.

어린 시절, 연주창連珠瘡이라고 하던 멍울이 목에 있어 몹시 아팠다. 6살에서 7살이 될 때까지 용하다는 한의원과 경기도립병원을 오고갔다. 내가 얼마나 울어댔는지 집안에서 울보로 불렸다. 가운데 구멍을 내어 하얀 알약을 넣은 고약을 목에 바르기를 수차례였다.

내 목의 환부가 곪아가면서 생기는 고통은 어린 내가 참기에는 가혹한 것이었다. 나는 펑펑 울어대며 엄마를 괴롭혔다. 어린 딸의 목이 아프니 엄마 입장에서는 애가 닳았으리라. 엄마가 되고 보니, 그때 엄마가 겪었을 고통이 더욱 역지사지易地思之로 느껴진다.

연주창이 나아가는 과정에서 내 목에는 10cm가량의 흉터가 생겼다. 이 흉터로 놀림을 당하기 일쑤였고, 지금까지도 누군가 목의 상처를 물어오면 며칠이고 여운이 남는다.

머리까지 갈색 빛이 돌았던 나는 어린 시절 내내 아이들에게 놀림을 당했다. 결혼을 한 후 시어머니가 '어디 이런 병신을 데려왔냐'며 남편에게 소리를 지르는 것을 들어야 하기도 했다.

한번은 얼굴이 성형으로 도배된 여인이 흉터에 대해 물었다.

"임 원장, 목에 난 흉터는 뭐야?" 질문을 듣고, 나 역시 속으로 반문을 했다.

"지금 네 얼굴에 난 눈썹의 흉터며, 얼굴에 몇 가지 수술을 한 거야?" 소리 내어 물을 수 있었지만, 하지 않는 쪽을 택했다.

몇몇의 사람들은 내게 트집을 잡아 공개적인 불편함을 준다. 악의를 품는 그의 마음에 이미 상처가 나 있음을 알기에 반문하지 않는다. 오히려 모르는 척하는 편이다. '너는 너만의 문제로 얼마나 아프고 힘들었니'라고 마음으로 위로의 말을 건넨다. 나는 상처를 내는 것보다 스스로 성숙해지는 방법을 배웠다.

최근 한 남자 CEO가, "임 원장, 아무리 감추려 해도 그 목의 상처 알아요. 왜 그렇게 된 거예요?" 하며 20여 명이 함께한 자리에서 공개적으로 상처에 대해 묻기도 했다. 물론 그 자리는 그 멤버의 알고 싶은 점을 물어보는 자리였으나, 온몸의 열기가 쑤욱 올라왔다.

"곧 책이 나오니 그곳에 Pony tail이라는 에피소드를 참고하세요." 하며 답변을 대신했다. 그 후로 그 대표를 보면 피해 가게 된다.

정말 최근의 일이다.

화훼 영농을 꿈꾸며 교육과정에 지원했는데, 한 여성이 바로 앞자리에 마주 보고 앉아 양손으로 자신의 목에 X자를 그리며 소리를 죽여 입을 크게 벌리곤 '왜 그래?' 한다.

어머나, 이런 무례한 질문은 처음이다. 또다시 온몸이 떨리고 기운이 쭈욱 빠졌다.

'너는 왜 그리 뚱뚱한데' 하고 묻고 싶었으나 꾹 참았다.

이 외에도 여름날 성당 지하에서 미사를 보고 있는데 한 늙은 여인이 무더워서 묶은 머리 밑의 흉터를 불편하게 흘끔흘끔 쳐다보는 경험을 겪기도 했다.

이렇게 가벼운 흉터를 가진 나도 힘든데, 눈에 띄게 불편한 장애인들은 얼마나 힘이 들까.

그들은 집 밖으로 나오는 순간부터 다시 자신의 집으로 돌아오는 순간까지 긴 시간을 타인의 시선을 느끼며 지낼 것이다. 그들의 가족, 특히 부모들은 그 가슴을 어떻게 어루만지며 살아내고 있을까.

나는 10여 년간을 영국, 러시아 그리고 일본에서 생활했었다. 그러나 그 누구도 나에게 목의 상처를 물어본 이가 없었다.

왜 이런 무례한 질문을 유독 한국에서 받는지 잘은 모르겠다. 흔히들 이야기하는 '오지랖'이란 게 이런 것이리라. 상처를 주기 위해 그런 질문을 하는 사람만 있는 것이 아니란 것도 안다. 타인에게 관심을 가지는 것은 인간이라면 당연한 생리이고 직접 질문을 하는 것은 그 사람과 연결되고 싶다는 마음의 발로일 수 있다. 한국 사람들은 정이 많다는 이야기도 같은 맥락에서 이해할 수 있지 않을까 하는 생각도 든다. 정이 많으니 신경이 쓰이는 것이고, 이야기하고 싶고 참견하고 싶은 것이다. 다만 그런 질문을 받는 사람의 입장은 생각해 보지 못했을 뿐….

정말 순수하게, 별 뜻 없이 물어보고 대답할 수 있는 환경이면 얼마나 좋을까? 하지만 관심이 더 이상 '정'이 아니고 '침해'로 느껴질 때 사람은 상처를 받을 수밖에 없다. 때로는 모른 척해주는 무관심함이 온도는 낮을지라도 편안하다.

장애가 더 이상 장애로 느껴지지 않는 사회가 왔으면 좋겠다. 이는 꼭 장애뿐만이 아니라 개인마다 가지고 있는 숨겨진 비밀이나 상처도 그러하다. 예전에 SNS를 하면서 어떤 성소수자가 "누가 넌 여자가 좋아 남자가 좋아?" 했을 때 "응, 난 레즈비언이야."

라고 대답해도 '난 밥보다 빵이 좋다'라는 이야기를 들은 것처럼 "어 그래."라고 말하고 넘어갈 수 있는 사회가 왔으면 좋겠다는 유머 반 푸념 반이 섞인 글을 읽고 웃으면서도 많은 생각에 잠겼다. 비밀이라는 개념 자체가 더 이상 없는 사회가 온다면 어떨까? 어떤 모습을 하고 있어도 아무도 이상하게 생각하지 않는 사회가 올 수 있을까? 그런 사회가 오면 모두가 행복할까? 사람은 누구나 자신을 완전히 이해해 주는 사람을 만나기를 원한다고 한다. 내가 어떤 모습, 어떤 행동을 해도 사랑해 주는 사람. 그렇게 해줄 수 있는 가장 가까운 존재는 부모겠지만 그마저도 완전하진 못하다. 어떤 사람의 입장을 완벽하게 이해한다는 것은 불가능할지도 모르고, 때문에 우리는 알아서 서로에게 불편을 주지 않기 위해 적당히 자신의 상처를 가린다.

역설적이게도 그래서 개개인의 상처는 다시 개개인을 구성하는 콤플렉스이자 개성이 된다. 어렵다. 어쩌면 모두가 이해해 줄 수 없기 때문에 그것을 이해하는 사람이 그토록 소중하고 그것을 받아들이는 나 자신이 그토록 용감하다는 사실을 깨닫게 되는 것이 아닐까?

이제 더 이상 목의 상처로 인해 마음에 상처를 내지 않는다. 더운 여름에도 머리를 내려 묶어 상처를 가리지만, 그 스타일이 썩 어울린다. 가을이나 겨울에는 스카프로 한껏 멋을 낼 수도 있다.

내 목의 상처를 가리는 것은 타인에게 불편함을 주지 않기 위한 배려일 뿐, 나를 공격하려는 이들이 두려워서는 아니다.

자기중심의 시각이 아니라 상대의 시각에서 자신의 행동을 헤아려보는 삶의 지혜가 필요하기에. 누구에게나 곪은 상처는 있기에.

미움받을

용기

남에게 무례한 사람은
그 사람이 어떤 사람이든
강한 척하는 약한 사람에
불과할 뿐이다

-에릭 호퍼-

왕따, 이지메 그리고 Bully

또 시작이다. 내겐 이미 익숙한 일반적인 왕따의 판이 만들어지고 있다. 약 50년간 왕따로 점철된 나의 인생에 있어 그것은 그냥 내 일상 중의 하나이다. 왕따, 일본에서는 이지메라고 하며, 영국에서는 bully라고 칭하는 그것 말이다.

초등학교 시절부터 마르고 노란 머리에 갈색 눈, 연주창으로 몸이 아팠던 나는 종종 아이들의 놀림감이 되곤 했다. 양쪽 목의 상처를 두고 '야, 목에 송충이가 기어 다니는 양키'라는 소리를 듣기도 했다.

체육시간에도 몸이 약하여 다른 아이들이 거뜬히 뛰어넘는 뜀틀을 5단 이상은 넘지 못하였고, 부모님이 용현시장에서 옷 장사를 하던 뒤틀리게 생긴 여자아이가 나를 손가락질하던 기억은 아직도 트라우마처럼 내게 남아있다.

그러나 그런 야유들에도 불구하고 나는 약간 서양풍인 내 모습이 좋았다.

중학교 시절 TV에서 린제이 와그너라는 매력 있는 여배우가 못 하는 게 없는 여전사로 나와 정의를 위해 싸우는 시리즈물이 있었다. 나는 경동 태양당 안경에서 그 시절 유행하던 갈색 뿔테 안경을 맞추어 쓰고 있었는데, 가늘고 마르고 노란 머리에 갈색 눈인 내가 그 안경까지 쓰니 마치 작은 한국판 원더우먼 같은 모습이었다. 만약 나마저도 내 모습을 좋아하지 못했다면 내 어린 시절은 더욱 암울했을 것이다.

중 2때였다. 땅땅하고 옆으로 넓은 얼굴이 네모에 가까운 신은숙이라는 여자아이가 있었다. 한 가닥 하는 아이처럼 실핀을 머리 옆에 꽂고 신발을 구겨 신은 아이였는데, 나를 야, 야, 하며 부르곤 했다. 나를 무척 싫어하여 재 아버지는 미군일지도 모른다는 가당찮은 의혹을 제기하기도 했다.

나의 무엇이 그토록 그 애의 마음을 불편하게, 부아가 치밀어 오르게 한 것일까? 남과 외모가 다르다고 그렇게 가혹하게 왕따를 시켜야 하는 이유가 무엇인지, 글을 쓰는 이 순간 생각해도 궁금하다.

어린 시절 왕따의 경험은 누구에게나 세상이 무너질 만큼 강하게 다가오는 일이다. 얼마든지 주위의 도움을 요청해 극복할 수 있는 일인데 그때는 그게 왜 그토록 어려웠는지. 여하튼 이런 기억을 가지고 있는 나는 아이들에게도 항상 학교에서 나쁜 일이 있으면 꼭 이야기하라고 이르곤 했다.

시간이 흘러 나는 인문계 고등학교를 진학하게 되었다. 초등학교부터 대학교까지 전부 이어져 있는 백화점 같은 재단인 그곳은 평판이 그닥 좋지는 않았다. 나 역시 그 학교를 투덜거리며 다녔고, 역시 제대로 적응하지 못했다. 나는 늘 타인과 어울리는 것에 어설퍼 무척 힘이 들었다.

대학생이었을 때는 왕따까진 아니었지만 다듬어지지 못한 비사교적인 성향은 여전했고 장학생으로 입학했기에 성적을 유지하느라 친구들과 어울릴 시간이 늘 부족했다.

그 후로도 결혼해서는 두 시누이가, 친정에서는 세 새언니가, 약 15년간 참가하고 있는 가야금 모임에서는 합죽이라는 별명을 가진 언니에 의해 따돌림을 받았다.

내 경험에 의하면 주로 왕따를 시키는 사람은 땅딸막하고 몸이 비대하며 눈빛이 비열하거나 한국의 미의 평균 기준에서는 못생긴 경우가 많았다. 그런 이들은 혼자의 힘으로는 안 되면 주위 사람들을 선물로 포섭해 한 편을 만들어 타인을 괴롭히는 성향이 있었고, 세상의 기준으로 보면 무척 꼬여있는 이들이었다. 작은 뇌물에 포섭당해 행동대원이 되어가는 그들이 나를 대하는 자세를 보면 나이에 상관없이 유치하기가 그지없다.

이번에도 또 그 구도가 만들어지고 있다. 슬슬 재미있어지기도 한다. 그 대장과 똘마니들이 어떻게 행동을 개시할지, 또 어떻게 횡포를 부릴지.

그러면 나는 문제가 없는가? 그것은 아니라고 생각한다.

화려한 외모와 독특한 패션, 거기에 보통의 한국 정서와는 다른 가치관을 가지고 있어 눈에 잘 띄는 편이다.

러시아 여인들이 겨울에 착용하는 샤프카를 다양한 색상으로 대담하게 쓰고 다니고 파티에 참가할 때면 화려한 한복을 자주 입는다. 특히 송년회, 신년회에서 한복을 입으면 그 파티 장소의 분위기를 요즘 애들 말로 올킬해 버린다.

한복은 파티복으로 가장 화려한 옷이다. 다른 이들이 파티를 위해 새로 장만한 화려하고 고급스런 드레스를 한복 하나로 내가 다 정리해 버리니 눈꼴이 시릴 수도 있겠다.

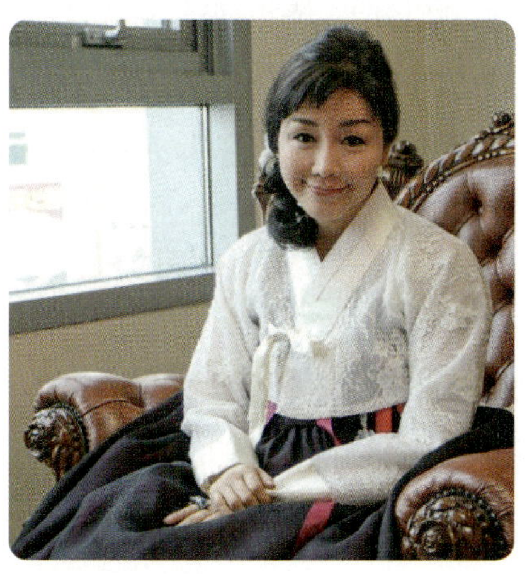

그럼에도 불구하고 나는 파티에 한복 입는 것을 지양하고 싶지 않다.

내 의상의 콘셉트는 신호등이다. 노출이 심한 옷, 악세사리를 주렁주렁 걸치는 일은 하지 않지만, 빨, 노, 파 색상을 선호하고, 작은 키가 아님에도 힐을 신는다든지, 어디를 봐도 눈에 띄는 그런 여인인 것이다. 나는 그런 나 자신을 드러내는 것을 망설이고 싶지 않다.

인정한다. 누군가 내 행동과 가치관을 간섭하려 드는 것, 제약하는 것, 가르치려 드는 것을 적극적으로 거부하며 No.라고 이야기한다. 같은 맥락으로 모임에 앉아 억지로 누군가의 뒷담화를 하고 싶지도 않다. 그런 이야기를 하는 분위기가 생기려고 할 때는 일어서 버리면 안 된다는 친구의 조언에도 불구하고 자리를 뜬다.

"그 자리에 없으면 씹힌단 말이야. 가지 마."

씹혀도 할 수 없지….

나는 타인의 이야기가 칭찬이 아니면 내 소중한 시간, 돈, 열정을 허비하고 싶지 않다. 그런 성향을 가지고 있기에 자신의 감정과 입장을 정확히 말해주는 사람을 좋아한다. 그래야 내가 의사를 정할 때 이리저리 방황하지 않기 때문이다.

일요일 밤, 나를 좋아해 주시는 여행 mate인 김재일 선배님이 전화를 해 "임 원장, 귀가 10분간 가렵지 않았어?" 하시기에 맞장구를 쳤다.

"맞아요 선배님. 마침 귀이개 가지러 가던 참이었어요."

"정말이다. 응. 그 형계남 씨와 당신 이야기를 했지."

이집트에서 피라미드를 바라보며 볼을 간질이는 바람과 함께 음식을 먹던 추억, 남 이야기보다는 우리 이야기를 하자고 하는 성향, 20대에서 70대 어느 연배하고도 대화가 가능한 여자라고 이야기하며 들었다 놨다고 순진하게 고백하신다.

이렇게 또 남과 다른 나를 좋아해 주는 분들이 있으니 하느님의 은총인 것 같다. 하느님은 왕따를 당하는 와중에서도 적이 아닌 선한 사람을 한둘은 꼬옥 주시더라.

경험에 의하면 그런 사람들은 대부분 자신의 삶이 행복한 사람, 조금은 예쁜 사람이었다.

혹시 그들도 나와 같은 왕따의 경험을 갖고 있지는 않을까 하는 생각이 들기도 한다. 아픔을 겪어본 사람이 아파하는 사람을 안다고, 상처를 입었던 과거는 쓰리지만 그것을 통해 참 진주를 발견하게 되었으니 불만은 없다. 그것도 내가 메고 가야 할 인생이지 않을까, 라고 생각해 버린다. 운 좋게도 이제는 미움받을 용기가 있어 땅딸한 여자아이의 그 따돌림에 개의치 않을 만큼 행복해 기쁘다.

지극히 개인적인 내 경험에 의하면 나를 괴롭힌 사람은 당장은 아니더라도 불편한 일이 생기는 경우를 종종 보게 된다. 우리 직원도 경험해서 알고 있고 내가 봐도 신기하다.

곧 직장 내에서도 따돌림 방지법을 시행한다고 한다. 여러 가지 조율이 필요하겠지만 바람직한 현상이라고 생각한다.

누군가를 마음에 들지 않는다고 의도적으로 괴롭히는 것은 신 앞에 섰을 때 크게 심판받을 죄목임은 분명하다. 나 또한 그 따돌림의 대상이 되어 겪은 마음의 상처가 불에 댄 듯이 놀랐고 아팠기 때문이다.

따돌림을 당해 상처를 받은, 받고 있는 많은 이들의 마음의 평화를 빌어본다.

1박

2일

당신은 모든 일을 해낼 수 있는 존재이다

하지만 모든 일을 한 번에 해낼 수는 없을 것이다

-오프라 윈프리-

출연진들이 전국의 유명한 장소를 찾아가 그 고장의 맛있는 음식을 먹으며 치열한 게임을 벌이고, 이긴 팀은 모든 것을 독식하지만 진 팀은 음식은 물론 잠자리마저 열악한 처지에 놓이는 1박 2일이라는 잘 알려진 예능 프로그램이 있다. 출연진과 시청자들은 아무 생각 없이 개그맨과 유명 연예인이 고통을 겪는 것을 보며 즐거워한다.

그러나 나에게 있어 1박 2일이라는 단어는 가슴을 칼로 후비는 사자성어이다.

양가 모두 반대한 결혼을 한 나는 정원이 아주 넓은 인천 시댁에서 시집살이를 시작했다. 신혼여행을 다녀온 날부터 부엌에서 일을 했고, 작은시누이가 뒤늦게 대학원 과정을 등록했을 땐 얼떨결에 조카아이를 맡게 되는 날도 있었다.

난 그 당시에 파트타임 잡Part-time job을 갖고 있어 서울 시청 근처의 일본인 주재원에게 한국어를 가르치고 있었다. 따라서 일요일 저녁이면 내일 있을 수업 준비로 마음이 바쁨에도 불구하고,

시어머니는 갑자기 예정에도 없는 밥 손님을 부르곤 했다. 더구나 옛날에는 자알 나갔다고 하던 시어머니의 남동생까지 함께 살 수 있다고 선포도 했다.

하루는 시어머니의 딸이 생일이라며 금일봉을 시어머니에게 줬다고 한다. 허나 금일봉이라는 것은 흔히 신분, 연배가 윗분인 이가 아랫사람에게 주는 것이 아니던가? 이 무례한 표현에 어떻게 반응을 해야 좋을지 몰랐으나 가만히 있을 수밖에 없었다.

결혼 후 내 취향의 향수가 싫다고 잔소리를 하거나, 친구들과의 모임에도 나가지 말라고 하는 것은 예사였다. 휴대폰이 없었던 그 시절, 후배에게 전화가 올라치면 '여보세요' 하고는 TV에서나 보던 분위기로 이름은 무엇이며 뭐하는 사람인지를 꼬치꼬치 캐물은 후에야 전화를 바꿔주었다. 한번은 원인도 모른 채 크게 토라져 작은시누이 집에 가서 며칠을 오시지 않기도 했다. 나는 내가 왜 사과해야 하는지도 모른 채 기어가서 사과를 했다. 신혼여행에서 돌아온 후에도 순종적인 며느리가 되기를 바랐던 것인지 빨강치마에 초록 저고리를 여러 날 입기를 원했다. 그리고 내 목의 상처를 알아챈 후에, '어디 이런 병신을 데려왔냐'며 남편에게 소리를 질러댔다.

숨이 막혔다.

난 그 이후로 성당에서 예, 예, 하며 겸손한 척하는 여자 어르신을 믿지 않는다.

결국 함께 사는 것이 어렵다고 판단하였고, 큰시누이가 사는 사당동 근처의 방배동 주택 2층으로 분가를 하게 되었다.

그것으로 끝났으면 얼마나 좋았으련만, 그렇지 않았다. 1주일에 한 번 토요일 저녁엔 시댁에 가서 상을 차리고 부엌을 정리하면서 일요일 저녁까지 머물러야 했다. 일요일 9시뉴스가 시작할 때 눈치를 보며 돌아오는 생활이 계속되었다. 시댁에서 4끼, 즉 토요일 저녁, 일요일 아침, 점심 그리고 저녁을 먹었는데, 일요일 점심은 성당을 다녀와 수제 수제비를 만들었고 저녁은 주로 외식을 하거나 연안부두에서 회를 떠 와 먹곤 했다.

시어머니는 늘 회를 내게서 먼 쪽으로 놓았고 내가 한 점 먹으려고 하면 접시를 더 멀리 옮겨 놓기가 일쑤였다.

한번은 가을 아이 머리만 한 단물 가득 찬 배를 후식으로 깎아 내놨는데 이 또한 접시를 멀리 치우는 게 아닌가. 그 후로는 시댁에서의 4끼를 거의 먹는 둥 마는 둥하고 집으로 돌아오게 되었다. 맛있는 음식을 가져가도 나는 먹지 못한 것은 당연했다. 명절에는 전날과 당일은 물론 시누이들이 온 후에도 융숭하게 대접을 한 뒤 친정에 갔다.

돌아오는 차 안에서 얼마나 엉엉 울었던지.

아이를 가슴에 안고 남편에게 소리를 지르기도 하며 징그러운

1박 2일을 지냈다.

시어머니는 그녀에게 쌓인 1주일 동안의 스트레스를 나에게 풀어댔다. 어느 날은 너무 힘들어 돌아오자마자 골프 연습장에 가서 그분의 이름을 소리지르며 드라이브를 치니 head가 잘라져 나가고야 말았다.

51주 중에 49주 정도를 반찬 2가지를 찬합에 넣어 분홍색 보자기에 고이 싸가지고 인천의 그 무서운 시댁으로 갔다. 어떤 때는 '마늘 찧어 와라, 깨 볶아 와라' 하고, 몸이 아파 시장에서 반찬을 사 가면 사 왔다고 뭐라고 하고, 직접 만든 장조림을 가져가면 질기다고 뭐라고 하며 어떻게든 흠이 잡혔다.

1박 2일의 결정판은 첫 아이를 임신했을 때다.

임신하고 6개월이 지난 4월 무렵, 걸레질을 쑥쑥 해야 애도 쉽게 쑥쑥 낳는 거라며 나에게 그 넓은 집 바닥 청소를 하라고 하는 것이 아닌가.

이러한 만행에 힘이 들고 징그러운 것은 당연지사, 너무 고달파 안 간다고 하면 남편은 미래를 보고 참으라 했다.

친정엄마에게 속상하다고 하면 노인이 살면 얼마나 사냐며 참으라 했다.

그야말로 내 편은 하나도 없는 사면초가의 상황이었다. 참다 참다 못해 크게 내 의견을 이야기하고 세 살 딸아이와 함께 차를 타고 분당 집으로 떠났다.

그때도 남편은 인천에 머물며 시어머니 편을 들고 있었고 시어머니의 권위에 꼼짝 못 했다.

나는 그러한 사건이 있은 후로 남편이 어떤 경우이든 나를 지켜줄 것이라는 생각은 하지 않게 되었다. 남의 편이기에….

왜 우리나라는 유독 시월드에 이토록 관대한가. 나만 이런 일을 겪었던 것일까? 그 당시에는 몸도 마음도 힘이 들어 아무것도 생각할 수 없었다. 지금의 나였다면 아마 가만히 당하고만 있진 않았을 것이다. 당당하게 따질 것은 따지고 남편의 만류도 무시했으리라. 하지만 시월드를 어떻게 대해야 하는지 아무것도 몰랐던 당시에 그럴 힘이 있었겠는가. 나는 아직 어리버리함을 못 버린 새댁에 불과했다.

지금 생각하면 미래에 물질적인 어떤 것 때문에 그 당시 나의 마음을 희생한 것은 참 안타까운 일이 아니었나 싶다. 유산은 독일 수도 있다. 자녀에게 약간의 도움을 보태줄 수는 있지만 돈으로 유산을 물려줄 생각은 주는 이에게도 받는 이에게도 없어야 한다고 생각한다. 나는 나중에 며느리가 들어온다면 유산을 가지고 갑의 입장에 설 생각이 없다. 줘야 하면 줄 것이고 주지 말아야 할 것이면 주지 않을 것이다. 그 편이 서로 솔직하고 진심이 되는 관계가 이뤄지지 않을까 한다.

고맙게도 한 친척이 1년 내내 주말을 본가에서 보내면 남자로서 누군가의 결혼, 돌잔치 등의 행사에 참석을 하지 못하게 되고 친구들과의 만남도 소홀해지기 쉬우니 사교에 좋지 못하다고 조언했다 한다.

아무튼 내게 있어 인천에서 지낸 '1박 2일'은 TV프로그램에서 진 팀이 당하는 일에는 비교가 안 될 만큼 영혼이 파괴당하는 시간이었다.

영국 유학 당시, 대장암에 걸려 투병하는 시어머니가 못내 안타까웠던 남편의 제안으로 시어머니 근처에서 살게 되었다. 다시 어깃장을 놓기에 어머니를 돌보는 데레사 아주머니 앞에서 내 의견을 말했다. 속이 시원했다. 사과의 뜻으로 각서를 쓰기를 요구하는 시어머니의 요구대로 해야 했지만.

길들여지지 않는 내 본성을 자신의 입맛대로 바꿀 수는 없다. 어쩌면 당신의 큰딸이 당한 대로 내게 요구하는 것일지도 모른다.

그래 나도 아들이 있다.

내가 어떻게 변할지 나도 궁금하다.

내 옹이는

누가
풀어주지?

성숙해졌다는 것은
다가오는 생생한 위기들을
피하거나 두려워하지 않고
정면에서 마주본다는 것에 있다

-프리츠 쿤켈-

사람들은 내 겉모습을 보고 여성스럽다는 말을 한다. 하지만 난, 남성적인 성향이 많은 편이다. 남자 형제들과 성장한 탓에 나를 짓누르거나 압박하는 느낌을 받으면 대놓고 들이받는다. 그래도 여기에는 웬만한 일은 참고 넘어간다는 전제가 깔려있다.

50대가 되니 여성이 남성보다 딱 하나 부족한 게 뭔지 알 것 같다. 바로 '힘'이다. 그 외의 것은 대부분 개인의 차이일 뿐 '성'의 차이는 아닌 것 같다. 그럼에도 불구하고 남성들은 여성을 자신의 하위계급에 놓고 대한다.

그 무식한 힘이 아니면 여성을 지배할 수 없기에, 아니 힘을 제외하고는 여성을 본인의 입맛대로 움직일 수 없다는 것을 알고 있기에 많은 남성들은 여성을 위한 굴레를 만들어놓고 감 놔라 배 놔라 한다. 저렇게라도 해야 살 것이라고 긴 시간 자위해 온 것이 아닐까 생각해 본다. 겉으로는 아닌 척하며 웃어 보이는 남자 중에도 무심코 내뱉는 말 한마디 속에 여성을 하위로 취급하고 성적인 대상 이상으로 보지 않는다는 생각이 묻어있기도 하다.

어느 그룹의 골프 모임에 참가했을 때의 일이다. 게임비로 각출한 것이 1만 원 남았는데, 한 멤버가 나에게 그 돈을 주었다. 나는 딱 잘라 거절했다. 왜 많은 사람들 중에 나를 택해 그 남은 1만 원을 주라 했는지 지금도 의문이다. 기회가 된다면 물어봐야지.

'수컷의 허세'를 제대로 알게 되니, 그들이 마냥 불쌍하기도 하다. 내 나이 40을 넘긴 시점에서 심리학을 공부하며 많은 것을 배웠다. 더 늦지 않은 나이에 배움을 시작하게 되었음에 감사한다. 심리공부를 하면서 내 속에 있었던 나의 외로움을 마주했고, 그 어깨를 토닥인다. 내가 만들어놓은 틀 속에서 벗어나기 위해 펜을 잡은 그 순간부터 지금까지도 심리학 공부에 목말라 있다.

공부가 나에게서만 머물면 고인 물처럼 썩기 마련이다. 흐르기 위해서는 계기가 필요했다. 전화 심리치유 상담소인 '힐링가든'을 개소하게 되었다. 미숙함을 보완하기 위해 경력이 많은 심리 치유사들과 함께 일을 시작했다.

상담의 대상은 30~60대 직장인이다. 우리는 이들과 나눈 고단한 통화에서 대한민국 남성들의 어깨에 놓인 짐의 무게를 실감했다. 이들이 유선상으로 불편한 심정을 토로하면, 우리는 그들의 편이 돼 함께 생각하고 위로한다. 우리는 한 통의 전화를 누군가의 목숨이라 생각하면서 귀를 쫑긋 세운다. 마지막으로 내게 손을 내민 내담자가 우리의 사소한 행동으로 상처받고, 극단적인 생각에 이를지도 모르기 때문이다.

이 땅에서 마음의 병이 모두 치유되는 날까지 나의 시간을 할애할 계획이다. 목소리의 작은 떨림과 수화기 너머로 전해지는 옅은 미소에 함께 울고 웃으며 말이다.

"난 당신의 변호사예요." 이 진심이 모든 이들에게 전해진다면 더할 나위 없겠다.

'무식이 용감'이라고 잘 모를 때에는 내 감정이 이끄는 대로 말을 뱉었지만, 심리학을 공부하고 난 뒤 감정의 브레이크가 생겼다. 그래도 때때로 힘이 든다. 내 감정을 한 번 살피고, 상대의 감정을 한 번 더 이해하려는 노력은 아직도 숙제로 남아있다.

"엄마, 감정코칭을 배우고 나서 생각해 보니, 우리를 어떻게 키운 것 같아? 미안한 점은 없어?" 아들이 묻는다.

저돌적인 질문에 적잖게 당황했지만, 곰곰이 생각하고 입을 열었다. 사회구성원으로서 역할을 다할 수 있도록 조금은 엄한 훈육으로 키워왔지만 세심하게 감정을 살펴주지 못한 점은 미안하게 생각한다고 말이다.

"알면 됐어…."라는 대답이 돌아오는 걸 보니 본인의 생각과 비슷하지 않았나 유추해 본다.

아들의 질문에 답을 한 뒤, 한 가지 궁금증이 들었다.

"내 마음속 옹이는 누가 들어주지?"

이 하소연과 같은 질문의 답을 스스로 찾다 보니 어느새 나의 입가에 미소가 번졌다. 내게는 친구도 있고, 나보다 연륜이 쌓인 두 분의 선생님들이 곁을 지켜주고 있다. 그리고 나의 신에게 독백을 할 수도 있다. 그분이 주는 암시를 통해 마음속 옹이 자국이 열어진다. 스스로의 감정과 주변 상황을 알아차려 가며, 인생의 결을 완성해 갈 수 있음에 감사해야지.

옹이 없는 나무가 없듯이, 때로는 꺾어지고 긁혀서 상처가 나고 아물기를 반복하면서 더 단단한 내가 되리라.

밥 사기를 즐겨하는 솔이 고모

당신을 만나는 모든 사람이
당신과 헤어질 때
더 행복한 모습이 될 수 있도록 하라

-마더 테레사-

나의 친한 친구는 언니가 두 명에, 여자로서는 막내다. 그녀는 때로는 고모로, 또 때로는 이모라고 불리며 조카들에게 보내는 선물 값이 기본 통신요금보다 더 나온다고 너스레를 편다. 하지만 그 너스레에는 미소가 배어있다. 나이 차이가 많이 나지 않는 여조카들과 친밀하게 지내며, 젊은 세대들이 쓰는 이야기나 아이템들을 많이 공유하는 것도 이 친구의 기쁨이다.

나는 언니나 여동생이 없기에 결코 '이모'는 될 수 없다. 오직 '고모'로 불린다.

지난날, 동네 사람들은 나를 솔이 고모라 불렀다. 큰조카의 이름이 '솔'이기 때문이다. 난 이모와 여조카의 아기자기한 관계가 무척이나 부러운 사람이다.

췌장암으로 큰오빠가 먼저 세상을 떠나고, 한동안 뜸했던 남자조카들을 인천에서 만났다. 그리고 매년 12월이면 그 조카들과 맛난 밥을 먹는다. 나이가 20대 중반을 넘어선 조카들은 성인의 느낌이 제법 났다. 전에는 없던 여자친구 이야기도 부끄럽다는

듯 살짝 건넨다. 내 세대에서는 작지 않은 키에 자신감이 있는 나인데 유독 조카들 앞에서는 기를 펴지 못한다. 185cm를 넘는 장정 사이에서 찍힌 사진을 보면 꼬맹이 한 명이 가운데 있는 모습이다.

어른들은 각자의 입장에서 자신만의 이익을 주장하기에 조금 서먹하다. 하지만 난 조카들에게 밥 사는 것을 즐겨하는 고모로 남고 싶다. 조금은 서먹해도, 올 7월 우리 아이들이 러시아에서 귀국하면 다 같이 다시 모여 따뜻한 밥을 먹어야지.

세월이 빚어낸

낯익은 아름다움

음악과 리듬은 영혼의 비밀 장소로 파고든다

-플라톤-

나는 가끔 전생에 기생이었을지도 모른다는 생각에 잠긴다. 영혼을 짓밟힌 듯한 13년간의 시집살이가 끝난 후, 내가 찾은 곳은 국립국악원이다. 음악적 감각이 떨어지는 것을 자각했음에도 불구하고, 한복을 곱게 차려입고 선이 고운 곡이나 걸쭉한 노래를 하는 국악인들의 모습이 부러웠다. 또 우리 노래를 하면 가슴의 응어리가 쏟아져 나올 것만 같았다.

편안한 가격대의 가야금을 구입해 국립국악원 가야금 병창 디딤반에 합류했다. 예상을 했지만, 12줄 가야금은 결코 녹록한 것이 아니었다. 우리 반은 약 20명으로 구성되었고, 그중에 나는 젊은 층에 속했다. 가야금 병창을 취미로 하는 나의 실력을 서열로 매기자면, 뒤에서부터 세는 편이 빠를 듯하다.

실력은 중요하지 않았다. 월요일 오후, 국악원에 박혀 가야금

을 타며 소리를 내어 민요, 단가를 배우고 나면 속이 후련해지고 마냥 즐겁다. 일주일 동안 화를 낼 기운이 없어질 정도다. 열심히 하다 보니 우리 반은 전국 가야금 병창대회에서 은상을 수상했다. 당시 받은 상금을 나누었는데, 내 몫인 5만 원은 소중한 곳에 보관되어 있다.

대학교 시절 어느 학생의 과외를 맡은 적이 있다. 다행히도 그 아이가 원하는 대학에 들어가게 되자, 한복을 만드는 학생의 어머니가 나에게 옷을 선물해 주었다. 깡통치마 스타일로 치마는 진분홍, 저고리는 흰색 거기에 분홍댕기까지 곱게 차려입고 학교 수업에도 갔다. 학교 친구들은 춘향이라고 놀려댔지만, 난 한복이 좋았다. 초·중·고 시절은 성당에서 개최한 행사에서 한복을 입고 인사말을 했다. 한복처럼 곱고 수줍은 추억이다.

나는 지금도 양장보다는 한복 구입에 조금 더 투자해서 예쁜 한복을 입길 원한다. 세월이 빚어낸 낯익은 아름다움이 내 마음을 이리도 이끈다.

한복의 완성은 버선이라 생각하기에 타래버선을 유독 좋아한다. 신장에 비해서 유독 발이 작은 편인 나는 버선이 잘 어울린다는 한복전문가 영진 씨의 칭찬에 기분이 좋다. 이 말에 힘입어 조그만 발에 그 타래버선을 신고, 단정한 꽃신에 발을 넣어본다. 이 순간, 나는 정경부인이 부럽지 않을 정도의 기품이 느껴지며 왕비가 된 듯 더할 나위 없이 행복하다.

아름다운 보석이나 자수로 사람들의 시선을 정중앙에서 옆으로 돌리는 여유를 가진 노리개, 댕기머리를 틀어 중심을 잡으면 그 머리 풀어질까 긴 은의 한쪽에 보석을 박아 중심을 맞춰주는 옥비녀가 그토록 좋다. 머리 장식의 화룡점정이자 금속에 매달려 조심스레 떠는 모습마저 애잔한 뒤꼬지도 마음을 흔든다. 여담이지만, 어느 대화방에서 나는 ID를 '한복사랑이'로 등록할 만큼 한복이 좋다.

매년 연말이 다가오면 국악원에서는 한 해 동안 연마한 우리 춤, 가야금, 해금 등의 실력을 뽐낸다. 올해는 기필코 참석해 보리라 다짐한다. 가야금에 이어서 장구까지 구입했다. 그 면적이 대단해 집 한구석을 차지하고 있는 장구는 시간이 주어지면 덩덕쿵

장단을 맞춰보리라.

올해로 16년 차인 가야금 병창의 나를 가야금을 가르치는 분이신 문수정 선생님은 예뻐하신다. 왜냐하면 늘 바쁜 와중에도 해외출장이 아니면 꼭 수업에 참석하고 있기 때문이다. 그래서 공연이 있을 때면 실력이 부족한 나를 앞자리에 앉도록 배려해 주시기도 한다. 문수정 선생님과 함께한 16년은 나를 행복하게 해준 시간들 중 하나이기도 하다.

제자가 실력이 부족해 미안할 뿐이다.

pw

2050

무엇이든 시도해 보지 않고서는

자신이 어디까지 할 수 있는지

확인할 수 없는 법이다

-푸블릴리우스 시루스-

개인정보 또는 비밀번호의 보안 유지가 점점 강화되는 요즘이다. 이 글의 제목인 2050은 우리 회사 컴퓨터의 비밀번호로, 내 개인적인 소망이 깃들어 있는 특별한 번호다.

결혼 후 40세가 되어 "당신은 집안일만 하기엔 아깝다"는 남편의 말에 다시 일을 시작하게 되었다. 처음엔 모든 것이 두려웠다. 컴퓨터 업무부터 서류 작업까지 어려움이 이만저만이 아니었다. 남편의 배려로 사무실을 선물로 받았지만 앞으로 어떻게 이익을 만들어 갈지가 걱정이었다. 6개월이 지나도 수익이 나지 않아 조바심을 내비치자 '유지만 잘해도 돼'라며 작은 위로를 받기도 했다.

그렇게 시작한 일이었는데 다행스럽게도 시간이 흐를수록 재미가 붙었다. 직원도 생기면서 서두르지 않고 일을 해나갈 수 있었다.

일하랴, 날라리지만 엄마 역할 하랴, 일로 알게 된 사람들과 사회 활동하랴, 정말이지 허약 체질인 나로선 온 힘을 다해 동분서

주하며 뛰어다녔다. 눈물 훌쩍거리면서 시작했던 이 일이 지금은 즐겁다는 것이 무엇보다 다행이다.

경사는 한꺼번에 온다더니 아들아이의 대학 입학 후부터 회사도 제대로 궤도가 잡히기 시작했다. '선한 영향력'이라는 핵심가치 아래 수익의 일정부분을 18세 미만의 어린이를 위해 쓰게 될 수 있었다. 자존감도 향상되고 소명도 확실해져 많이 기쁘다. 기부금은 한국뿐만 아니라 세계의 모든 어린이, 북한의 장애 어린이에게까지 전달되고 있다.

신이 허락하면 2050년, 그러니까 내 나이 85세까지 일을 하고 싶다. 이러한 연유로 사무실 컴퓨터 비번이 2050이다. 그런 말을 하면 피식 웃는 직원도 있지만 난 진심으로 그때까지 일을 하고 싶다. 이익의 일부분도 지속적으로 기부할 수 있기를 소망한다.

그리고 내 신 앞에 섰을 때 내가 너에게 준 달란트가 5개인데 어떻게 남겼냐고 물으시면 난 당당하게 대답하고 싶다.

"예, 주님. 여기 10개 있습니다."라고.

어떤 남자 후배는 "누님 남편이 그 정도 위치에 있는데 뭐하러 일을 하느냐. 골프나 치면서 즐기지." 하며 농담 반 진담 반의 말을 건네기도 한다.

그렇게 생각할 수도 있을 것이다. 그렇게 사는 사람도 많다. 그러나 내게 있어서 삶의 의미는 그런 데 있지 않다. 예쁘게 피부나

관리하고 골프나 치라고 한다면 나는 아마 답답해 죽을 것이다.

일을 주로 하며 짬짬이 여유를 즐기는 것이 내겐 더 달콤한 휴식이다.

나는 나의 회사를 내 아이들이 아닌 함께 일하는 직원들에게 전해주고 싶다. 그들이 50세가 되어도 일할 수 있기를 바란다. 그런 마음을 가지고 오늘도 현관문을 열고 나간다.

"hug해 주세용"
이라고
하는 여자

한 개의 촛불로 많은 촛불에 불을 붙여도
처음 촛불의 빛은 약해지지 않는다

-탈무드-

나는 hug를 무척 좋아한다. 물론 아무하고나 hug하는 용기는 없다. 그러나 조금 친해지면 hug 나누는 것을 주저치 않는다.

사랑하는 사람과의 hug는 기쁨을 준다. 10초간 품에 안고 안기는 평안함은 해본 사람만이 안다.

남편과의 hug의 기억은 아득해도 호호, 해맑은 나의 두 아이와의 hug는 언제 하여도 천국에 있는 것과 진배없다.

하루에 8번만 상대를 안아줘도 스트레스가 쌓이지 않는다고 한다. 학교 공부하랴 과외하랴 바쁜 아이들에게 조금이라도 도움이 될까 하여 시간만 나면 hug를 하려고 했다. 어렸을 때는 즐겨 폭 안기던 아이들이 최근에 들어서는 "엄마 주책이야! 아빠랑 하세요." 하며 투덜거린다.

이제는 엄마보다 키가 훌쩍 커버린 딸아이에게 내가 매달린다. 겨울 방학을 보내려 귀국하는 아이를 공항에서 5분간 안았더니 "사람들이 쳐다보잖아! 숨 막혀요 그만!" 하면서도 짐짓 행복해함을 안다.

가야금반의 언니들, 요가반 언니들과 belly dance반의 후배들과도 hug를 아끼지 않는다.

처음엔 어색해하다가도 익숙해지면 이제 내가 팔을 벌리려 할 때마다 그들이 먼저 와서 폭 안긴다. 호호호 나는 hug의 전파자가 되고 있는 것이다.

연배가 있는 분들에게는 hug를 통해 그들의 생활에 활력을 주고 싶다. 메마른 삶에 윤기를 더해주고 싶다. 주말에 시어머니와 시어머니를 돌보시던 데레사 아줌마를 만나고 돌아오는 길엔 아이들로 하여금 그분들과 1분씩 hug하기를 의무화하기도 했었다.

친정엄마는 아이들과의 hug를 특히 즐기셨었다. 아이들이 hug를 해드리면 어색한 말투로 "사랑해요!"라고 하며 해맑게 웃고 행복해하셨다.

지금은 볼 수 없지만 하늘나라에서도 천사들과 hug하고 계시리라 믿는다.

분당이 좋고,

촌년인
나도 좋다

지금 이 순간을 즐겨라
지금 살고 있는 순간은
나중 네 인생의
가장 좋은 추억이 될 것이다

-탈무드-

나는 런던 한인교회에서 천주교의 전례에 의한 견진성사를 받았다. 당시 대모를 해주었던 김현영 마리아는 어린 시절에도 강남의 모처에서 고급 외제차를 타고 다녔단다. 그런 그녀가 나를 부르는 조금은 장난스러운 별명이 있다.

“얘, 분당 촌에서 온 여자애. 어서 와라.”

분당 촌년이라 놀려도 난 분당이 참 좋다.

결혼 다음 해인 1993년 봄, 남편과 나는 첫 아이를 임신한 몸으로 분당에 입성했다. 지금까지도 분당에 살 수 있음을 감사하며, 난 이곳에 사는 것을 즐긴다.

우리가 처음 입주한 아파트 거실에 누우면 불곡산의 한 자락이 눈에 펼쳐졌다. 봄이면 연초록이 주는 설렘을, 여름이면 진초록의 싱그러움을, 가을에는 화려한 환희를 느꼈고, 겨울에도 순백의 아름다움을 눈에 담을 수 있었다. 이곳에 살 수 있게 해준 남편에게 고맙다는 표현을 자주 할 만큼.

분당은 여행을 위한 최적의 위치다. 경부고속도로를 타기도 수

월하고, 경기도 광주, 양평, 가평까지 좀 더 내려가서 충청도, 경상도, 전라도 등 어디를 가도 도로의 이용이 용이하다. 임신과 출산 과정에서 남편은 경기도 근교의 드라이브코스를 섭렵했다.

5년의 영국유학 이후, 다시 돌아온 분당은 여전히 아름다웠다. 율동공원이라는 커다란 인공호수에 난 트랙을 산책하면 가슴이 뛴다. 천천히 걸으며 한껏 멋을 부리고 데이트하는 젊은 연인들을 바라보고, 가슴이 답답할 땐 무작정 달린다. 이 길에는 나의 기쁜 얘기들, 속상한 사정들, 행복한 오늘과 설레는 내일이 흩뿌려져 있다.

“분당은 한국의 유럽이야.”

귀국 후, 분당에 재입성하게 됨을 감사하면서 지은 엄마에게 내뱉은 말이다. 신혼 초, 앞집에 거주하면서 친해진 지은 엄마는 내가 몸이 불편한 날이면 돌봐주기도 한다. 나보다 어리지만, 결혼이 이른 연유로 아이들을 먼저 양육한 지혜를 배웠다. 자연과 어우러져 생활하는 유럽인들이 얼마나 부러웠던가? 이제 나도 자연 속에서 숨 쉬며 살고 있음에 감사했다.

어느 선배는 강남이나 잠실에 외출했다가 귀가하면 신선한 분당의 공기가 느껴진다고 과장한다. 그렇게까지 민감하게 느껴지지는 않지만, 분당에 들어서면 아늑한 울타리가 쳐진 이태리의 콜로세움 안에 들어선 기분이다. 관중은 초록의 나무들이 대신한다.

탄천은 분당구민이 얼마나 운동을 즐기는지 보여주는 곳이다. 그들을 보다 보면 운동이 어려운 것이 아니라는 것을 알게 된다. 그 많은 분당 사람들이 때로는 멋진 운동복 차림으로, 때로는 홈웨어를 걸치고 뛰쳐나와 걷고, 달린다. 자전거를 타고 바람을 가르는 사람들, 반려견과 산책하는 가족들, 아장아장 걷는 아이들이 혹여 넘어질까 뒤에서 손을 받치고 걷는 부모들, 예쁜 몸매를 지녔지만 건강미까지 갖추려는 이들이 북적이는 곳이 탄천이다.

나를 제외한 식구들이 러시아에 머물렀을 때, 이른 아침 민트와 함께하는 중앙공원 산책을 즐겼다. 조선의 어느 왕후가 이 아름다운 진달래가 핀 곳에서 맑은 물소리를 들으며 아침산책을 할 수 있었겠는가?

커다란 연못과 한쪽의 작은 연못이 주는 느낌은 사뭇 다르다. 커다란 연못과 그 위의 정자에서는 주로 유치원생들의 야외수업이 이루어진다. 하얀 도화지에 각색의 크레파스로 꽃과 분수, 나무와 잉어를 그리고 무엇이 그리도 즐거운지 깔깔댄다.

작은 연못 위의 정자에는 주로 어르신 서너 분이 모여 회상에 젖는다. 당신들의 왕년을 과장하며 허세를 부리고, 작은 물레방아가 선사하는 물소리에 귀 기울이며 과거를 곱씹는다. 햇살로 달궈진 돌 의자가 '이리 와서 앉아봐.'라고 소근댔던 모양이다. 삼삼오오 모여 앉은 어르신들은 이곳에서 그날의 친구를 사귄다.

중앙공원은 계절에 관계없이 아름다운 곳이다. 벚꽃이 낭창낭창 늘어지는 날에는 여기저기 셔터소리가 울려 퍼진다. 냇물이 기분 좋은 소리를 내며 흐를 때 친구와 커피 한 잔을 들고 걸으면, 뉴욕의 센트럴 파크를 거니는 뉴요커들이 부럽지 않다. 관리인에게는 조금 미안한 얘기지만, 여름 장마에 불어난 억센 물의 힘조차 나에겐 기쁨이다. 어린 시절, 예쁜 교복이 젖는 줄도 모르고 개울을 건넜던 희미했던 기억이 선명해지기에. 가을 낙엽을 민트와 함께 밟으며 사색에 젖고, 밤새 소복이 내린 눈에 첫 발자국을 새기는 천진함도 이곳에서만큼은 가능하다.

파리의 Maxim 거리와 흡사한 정자동 카페거리도 명물이다. 오스트리아 잘츠부르크의 Samble 거리에 뒤지지 않는 아름다움도 있다. 얼마 전, 회사 소속의 남자 강사가 강의료를 올려달라고 말했다. 내가 페이를 적게 책정한 것이 아니라, 이곳으로 거주지를 옮기고 싶은데 임대료가 비싸다는 것이다. 이 친구의 말에 의하면 매년 6, 7월이면 뉴욕이나 런던에서 공부하는 유학생들이 귀국해서 이 거리를 거닐곤 하는데, 이곳에 살아야 그 매력녀들을 만날 수 있단다. 그도 그럴 것이 내가 봐도 시크한 그녀들이 매력적이었다.

이외에도 분당구청의 앞마당은 시민을 위한 축구, 유치원생의 운동회, 겨울철 스케이트장 등으로 개방해 놓는다. 개구쟁이들이 귀와 코가 빨개지도록 뛰어다녀도 안전한 곳이다.

요즘 가장 고마운 것은 분당에 대형서점이 와준 것이다. 대학 시절 인천의 대형서점에서 아르바이트를 한 적이 있는 나는 서점 찾기를 즐겨한다. 인터넷으로 책을 주문하는 경우도 있지만, 서점의 구석구석을 살펴 보물을 발견하는 재미도 놓칠 수 없기에. 선물처럼 발견한 책을 카페모카 한 잔과 즐기는 기쁨은 이루 말할 수 없다. 언젠가는 친구가 "어쩐지 뒤태가 너인 것 같더라니." 라며 그 큰 대형서점에서 나를 알아봐 주기도 했다.

나는 분당이 좋다. 나의 마음에 기쁨을 선사해 주는 분당이 마음에 든다. 이 작은 것에도 행복함을 느끼는 촌년이라 오늘도 행복하다.

• • •

Mum, Big Hug please

02

…

가족이란 이름으로

"엄마가 미안해"

지금 사랑을 하고 있다는 것은
천국을 살짝 엿보는 것과
같은 행동이라고 할 수 있다.

-카렌 선드-

호텔 창밖으로 모스크바의 강줄기가 보인다. 연갈색 물이 평온하게 흐르는 지금은 AM 5시. 영국에서 생활한 탓인지 나는 흩뿌려 내리는 비에 친숙하다. 아직 날이 밝지 않은 어둠 속에 내리는 비가 나를 더욱 차분하게 하는 이유다.

평소 지인들도 인정했고, 나 또한 전적으로 동감하는 여행 복덕에 전망이 좋은 방을 배정받았다. 어제 공항으로 배웅 나온 딸이 전해준 꽃다발이 책상에 놓여있다. 이 사랑다발에는 노란 장미와 연핑크 과꽃이 수줍게 어우러져 있고, 노란 장미가 살포시 앉아 수정을 돕는다.

조금은 유치할지 모르겠지만, 한 해의 봄에 노랑나비를 보면 그 해에 유독 행복한 일들이 많았다. 2015년 봄, 경주에서 만난 노랑나비를 이곳에서도 만나다니. 올 한 해는 흔히 사람들 하는 말로 대박날 것이라며 지나친 긍정의 사치를 부려본다.

침대 위로 눈을 돌리면, 나보다 키가 20㎝ 큰 아들아이가 평온한 모습으로 자고 있다. 딸아이도 초등학교 때 이후로 엄마와 자본 적이 없었다며, 간밤에 꼭 끌어안고 잠을 청했다. 둘째 딸 강아지 민트 이외에는 엄마 침대가 허락되지 않았기에, 그동안 동숙하지 못한 서운함을 이 하룻밤으로 풀려는 모양이다.

이번 모스크바 여행은 온전히 아이들을 위해서다. 외국에서 맞는 아들의 21번째 생일, 의도하지 않았지만 엄마로서 소홀했던 일, 바른 사람으로 키우려고 회초리를 들어 내 불편한 감정을 쏟아냈던 일을 사과하고 싶다. 또 운이 좋으면 아이들의 기숙환경이 어떤지 보고 싶었기에 투어 일정보다 삼 일 먼저 이곳에 도착했다.

자신의 삶보다 아이들이 먼저인 한국 엄마들에 비해, 나의 삶은 내가 먼저인 경우가 많았다. 딸아이가 6학년이 되던 해, 남편이 러시아 블라디보스토크로 발령을 받았다. 조금 더 다양한 교육 기회를 누리라는 명목으로 학제에 맞춰 아이들을 러시아로 보냈고, 한국 고등학교에 입학할 때 아이들을 맞았다. 남편과 아이들이 있는 러시아에서 생활하는 것이 한국사회의 정서상 맞는 일이다. 하지만, 그곳의 적응이 두려웠던 나는 일을 핑계 삼아 한국에 머무르는 일이 많았다.

엄마의 빈자리는 아이들에게 상처가 되어 가슴에 꽂혔다. 엄마가 갓 지은 밥이나 학교 준비물을 챙겨주는 손길이 부족해서가 아니다. 엄마의 부재는 그곳에서 생활하는 한국 여인들의 무료함에 불씨를 당겨주는 상황이 되었다. 급기야 우리 부부의 이혼설이 입방아에 오르내렸다. 그녀들의 부족한 배려심이 안타깝지만, 나 또한 부족한 인간이기에 침묵을 택했다.

아이들을 넉넉한 마음으로 대하지 못했고, 희생하지 못한 점이 단 이틀 밤의 사과로 만회되기를 바라지는 않는다. 다만 이 기회가 또 다른 감정 표현의 기회로 이어져 아이들의 마음을 다독이고 싶을 뿐.

"엄마가 미안해. 너희들에게 좀 더 따뜻하지 못해서. 아빠와 친밀하지 못했을 때, 의도하지 않았지만 너희들에게 다정하지 못했어."

나는 모스크바 국립대학 근처에서 아들이 좋아하는 초콜릿 케이크를 골랐다. 한국에서 준비한 인스턴트 미역 큐브를 커다란 냄비에 넣고, 뜨거운 물을 부어 살살 저어주었다. 낡고 좁지만, 그것마저 청춘의 역사로 해석되는 기숙사 방에서 딸아이와 아들의 생일 축하 노래를 불러주었다. 미역국을 호호 불어 먹으며, 웃고 또 웃었다.

딸은 영국식 영어를 가르치고 삼성전자의 모스크바 특파원으로 활동하면서 번 귀한 돈으로 Sky Lounge를 예약했다. 남편이라면 우리에게 폼을 잡았을, 평생을 함께할 사랑하는 여인을 위해 프로포즈를 할 만큼 멋진 곳이었다. 우리 셋은 달콤한 칵테일과

딸아이의 깊은 관심을 음미하며 모스크바의 노을에 취했다.

이곳에 도착한 첫날은 딸아이의 계획적이고 알뜰한 스케줄로 시내관광을 마쳤다. 딸이 선약 때문에 러시아 시골로 여행을 떠난 뒤에는 아들아이의 주도하에 여행을 계속했다. 관광명소 투어를 예약한 상태라, 아들은 the second places로 나를 안내했다. 평소 각각의 결이 다른 아이들이라는 것을 익히 알고 있었고, 누나에 비해 일처리가 조금은 늦다고 생각한 아들이기에 나를 위해 고민했다는 것 자체만으로도 가슴이 벅찼다.

어릴 적부터 우리 부부는 과제를 해결할 수 있는 많은 기회를 큰아이에게 부여했다. 어린 시절 성장과정에서 2살 늦게 태어난 것으로 인한 능력 차이도 있었지만 자신에게 주어진 일을 책임감 있게 수행하는 딸아이 덕분에 둘째에게로 기회가 갈 일이 많지 않았다. 자신에게 오지 않은 기회였을 뿐인데, 누나와 비교해 문제해결 능력이 떨어진다고 여기는 부모가 얼마나 미웠을까. 하지만, 아들은 한 번도 원망하지 않은 아이이다. 늦었겠지만 아들의 마음을 좀 더 헤아리고, 어루만져야겠다. 그 상처들이 아물고, 새살이 돋아날 수 있도록.

어느덧 아들과 로비에서 만나 조식을 먹기로 한 시간이 다 되었다. 배도 고프고, 이제 모스크바 투어를 떠나야 하기에 시간이 많지 않다. 하지만 감감무소식이다. 울컥 화가 났지만, 배고픈 김에 울분을 목 뒤로 넘겨버린다. 모스크바에 처음 방문하는 엄마와 함께하기 위해 서둘러 일정을 마치느라 힘들었을 테지. 나는 이제 엘리베이터의 문이 열리기를 기다리는 수밖에 없다.

“엄마는 변녀예요”

우리에게는 죽는 순간까지
웃음이 끊겨서는 안 된다
웃는 그 순간이야말로
가장 진지해져야 하는 순간이다

-조지 버나드 쇼-

아이를 낳는다는 것은 신의 축복임에 틀림없다. 첫째로 딸을 낳은 나는 그 아이가 얼마나 신기하던지, 내게 생명이 잉태되었다는 사실과 그 생명을 건강하게 순산한 내 자신이 대견했다. 한참을 행복해하면서 아이 돌보기를 즐겼다.

첫 아이의 돌이 지나자, 둘째로 아들을 임신했다. 온 세상이 다 내 것만 같았다. 오른쪽에는 딸을, 왼쪽엔 아들을 품고 침대에 누우면 마치 두 개의 거대한 우주를 품은 듯했다. 가슴이 벅차오르고, 구름 위를 두둥실 떠다니는 느낌으로 5년을 보냈다. 이 작은 아이들은 사춘기를 보내고 대학교에 재학 중이다.

나의 엄마는 시아버지를 모시면서 4남매를 키웠다. 그래서인지, 유독 안아달라고 보챘던 나를 거의 안아주지 못했다. 나는 그 허전한 마음에 울고 있는 내면의 아이를 가끔 바라본다. 그 반대 심리인지(投射, 투사) 나는 우리 아이들을 만지고 쓰다듬는 걸 즐겨한다. 성감대를 제외하고 틈만 나면 끌어안고, 살결을 쓸어준다.

딸아이는 힘들거나, 상처를 받은 날이면 나의 Hug를 먼저 요구한다. 아이를 품은 지 일 분이나 되었을까? 잠깐의 포옹으로도 위로를 받은 듯, "이제 됐어요" 한다. 대학생인 이 아이에게 내가 해줄 수 있는 것이라고는 마음을 보듬어주는 일뿐이다. 마음을 보듬는 일의 행동지침으로 나는 아이를 안고, 손을 잡고, 등을 쓸어내린다.

아들이 아침잠에서 깨기 힘들어할 때면, "우리 아들 공부하느라 힘들지? 어쩜 종아리며 발도 이렇게 멋있게 생겼을까?" 하며 몸을 손으로 쓸어준다. 어렸을 적에는 별말 없던 아들이 대뜸 "엄마는 변녀에요."라고 말했다. 뜻인즉슨 '성적으로 이상한 남자를 변태라고 하니, 성적으로 이상한 여자는 변녀'라는 것이다.

이 말을 듣고 일주일 정도 아침에 등을 쓰다듬는 행동을 멈췄다. 하지만, 공부에 찌들어있는 아들을 위로할 수 있는 길은 이뿐이다. 내 손끝에는 아들을 향한 메시지가 담겨있기에.

"엄마가 너와 같은 세대였다면, 아마 대학을 가기도 힘들었을 거야. 아들, 엄마는 항상 네 힘든 점을 안쓰럽게 생각하고 이해한단다. 조금만 더 힘내자."

자식 키우는 사람이 입찬소리를 할 수 있는 자격은 없지만, 대략 30세 정도면 곁을 떠날 아이들을 시간만 나면 쓰다듬어주겠노라 결심한 나다. 나를 변녀라고 부르면서 내 손이 다가가면 몸을 슬쩍 빼더라도, 오붓이 함께 지낼 시간이 10년이 채 남지 않았음에 나의 손은 더욱 분주하다.

한 선배의 말에 따르면 며느리가 부엌에 들어간 사이에 장가간 아들 손을 잡는단다. 아빠노릇, 남편노릇 하느라 힘든 마음을 보듬는 것이다. 그러니, 며느리나 사위 눈치를 보기 전인 내 소속일 때, 최선을 다해 보듬으리라. 나에게 부여된 아이들과 함께할 시간에 난 신의 명령이라 생각하며 열심히 안아줄 것이다.

글을 쓰는 이 시간, 우리 가족은 인천의 한 호텔에 짐을 풀고 각자의 휴식을 즐기고 있다. 침대에는 나의 예쁜 딸이 곤하게 자고 있다. 노트북을 덮으면 나는 안경을 벗고 그 옆으로 직행할 테다. 그리고 그 아이 곁에 누워 손을 잡고, 등을 쓰다듬으며 말하겠지.

“내 옆에 있어줘서 고마워. 사랑한다.”

간이

배 밖으로 나온 남자

행복한 결혼생활이라는 것은
상대와 얼마나 잘 어울리느냐에
좌우되는 것이 아니다

행복한 결혼생활이라는 것은
상대와 잘 어울리지 않는 부분을
어디까지 감당할 수 있느냐에 좌우된다

-톨스토이-

아버지도 아니고 오빠도 아닌
아버지와 오빠 사이의 촌수쯤 되는 남자

내게 잠 못 이루는 연애가 생기면
제일 먼저 의논하고 물어보고 싶다가도
아차, 다 되어도 이것만은 안 되지 하고
돌아누워 버리는
세상에서 제일 가깝고 제일 먼 남자

이 무슨 원수인가 싶을 때도 있지만
지구를 다 돌아다녀도
내가 낳은 새끼들을 제일로 사랑하는 남자는
이 남자일 것 같아
다시금 오늘도 저녁을 짓는다.

그러고 보니 밥을 나와 함께
가장 많이 먹은 남자
전쟁을 가장 많이 가르쳐준 남자

남편 / 문정희

10년 이상의 해외 생활을 마무리하고, 귀국한 뒤 들었던 생소한 문장이 있다. 전에도 있던 말이지만, 이 말을 하는 사람들을 만나지 못했다. 내 나이가 어린 탓도 있겠다.

“간이 배 밖으로 나왔군. 배 밖으로 나왔어.”

이 말을 듣고 집에 돌아와 곰곰이 생각해 보니 바로 내 남편이다. 무식하리만큼 용감하고, 본인의 행동이 초래할 결과를 뻔히 알면서도 서슴없이 그 일을 하는 사람. 무식이 용감하다는 말인즉슨, 겁 없이 무슨 일을 한다는 말이겠지.

남의 편이라 남편이라 하지 않는가. 남편은 줄곧 시어머니 편을 들었다. 난 평소 시어머니 의견에 따랐던 편이지만, 의견 차이를 보일 때면 여지없이 시어머니에게 줄을 선 남편이다.

영국에서 힘들게 유학할 때, 시어머니가 방문했었다. ‘1개월 정도 머무시겠지.’라는 나의 생각은 빗나갔다. 어머님은 2개월을 머

묻고 싶다고 말했다.

"예. 그렇게 하세요. 어머니."

당연하다는 듯, 어머니께 답한 남편과 방으로 무거운 걸음을 옮겼다. 문이 닫히고, 그의 무릎을 걷어차는 것으로 내 의견을 전달했다. 남편은 어이없는 듯 웃었지만, 결국 시어머니 뜻대로 되었다.

신혼 시절, 나에게는 주말이 없었다. 주말이면 인천에 있는 시댁으로 향했기 때문이다. 토요일 남편의 퇴근시간에 맞춰 점심을 먹고, 반찬 두 가지를 찬합에 쌌다. 당신의 딸이 시댁에 그리했으니, 분홍보자기로 정갈하게 싸 오라는 시어머니의 요구가 있었다.

1박 2일의 주말 동안, 끼니를 차리는 것은 나의 몫이었다. 토요일을 보내고 일요일 저녁 "안녕하십니까? MBC 저녁 뉴스 엄기영입니다."라는 멘트가 나오면 일어섰다. 이조차도 눈치를 살피면서. 힘들다는 나의 말을 남편은 매몰차게도 무시했다. 당연한 일을 한 것뿐이란다.

약혼 시절에는 남편이 요리학원 등록을 권했다. 비단 그를 위해서 뿐 아니라, 나와 앞으로 생길 아이들을 위해 맛있고, 영양가 있는 요리가 필요하다는 데 공감했다. 인천 계동에 있는 전숙희 요리학원에 등록했다. 학원비용은 예비신랑인 현재의 남편이 지불했고, 즐겁게 요리를 배웠다.

하지만 요리학원에서 익힌 손맛들은 내 생각과는 다르게 사용되었다. 하루 일과가 빠듯한 영국 유학생활 중 남편은 매일 다른 Main Dish를 요구했다. 그는 음식에 한이라도 맺힌 사람처럼 음식에 집착했다.

시간이 흐르고 흘렀지만, 남편의 눈에 비친 나는 아직 20대 착한 이미지의 아가씨인 듯하다. 아직도 본인만을 바라보며, 자기가 원하는 바를 전달하면 즉시 대령할 것이라고 여긴다. 50세가 넘은 지금도 가끔 요구하는 것들이 있으니까.

그는 소리를 내며 음식을 먹는다. 국물을 마실 때면, 수도꼭지를 틀어놓은 듯하다. 향으로 마신다는 커피를 후루룩 잘도 넘긴다. 내 말을 들은 친구는 '너무 맛있어서 그러는 것 아니냐.'며 남편을 두둔했다. 하지만, 내 생각은 단호하다. 그는 4남매의 막내로 공부만 잘할 뿐, 예절교육의 사각지대에 있던 것이 분명하다.

나이 50이 훌쩍 넘은 남편의 식사 예절을 어찌 바꿀 수 있을까. 대신에 나는 아들이 밥을 먹을 때 소리를 내면 주의를 준다. 미래의 아내, 아니 당장 타인에게 불쾌감을 줄 수 있다며 열혈엄마의 모습으로 변한다.

시어머니가 살아계셨을 때, 나는 산책을 하면서 남편에 대한 불만을 가볍게 털어놓았다. 당신의 아들이 삼겹살도 구울 줄 모르고, 못 하나 제대로 박지 못한다고 말이다. 그러자, 시어머니는 당신의 아들 편에서, 나를 거세게 몰아세웠다.

“얘, 공부 잘하기도 얼마나 힘든 줄 아니? 한 가지라도 잘하는 것을 감사하게 여겨라.”

나는 결심했다. 앞으로 결혼생활에서 남편의 흉은 친구하고만 보는 것으로. 그리고 그 결심은 지금도 유효하다.

언젠가는 시댁 창문이 고장이 나서 고쳐야 하는 상황이었다. 시어머니는 당신의 아들보다 사위들을 불러 고장 난 문을 고쳤다. 평소 집안일을 시키지 않았던 것이라 짐작해 본다. 어느 누가 처음부터 능숙할 수 있을까? 여러 번 하다 보니, 손에 익는 것이지. 나는 나의 아들도 비슷한 상황에 놓일까 두려워 무거운 짐을 맡기고, 집안일을 부탁한다.

남편은 나와 딸의 몸매에도 신경을 쓴다. 어떤 측면에서는 나쁘지 않은 요구인 것도 안다. 하지만 본인은 말라서 옷을 한 치수 크게 입으면서 우리 모녀에게 살이 쪘다는 식으로 몰아갈 때면 억울하다. 앙상한 모델이 부럽지 않을뿐더러, 그렇게 되고 싶지도 않다.

우리들에게 TV 속 여인들의 마름을 요구하는 그에게 젊은 남자들의 식스팩을 강요해 볼까도 생각해 봤다. 하지만, 주어진 각자의 체형에서 관리를 하면 그뿐이지, 세상적인 미에 부합할 필요가 있을까? 난 조금은 통통하지만, 운동을 즐겨하는 내 모습이 사랑스럽단 말이다.

남편은 같이 길을 걸을 때면, 뒤축이 꺾인 신을 질질 끌며 걷는다. 같은 모양새로 집에서 슬리퍼를 질질 끌며 팔짱을 끼고 이리저리 오가며 신음하는 버릇도 있다. 나는 이 점이 특히 참기 어려워 밖으로 피신한 적이 부지기수다. 그이가 아프리카 르완다에서 돌연 귀국했을 때, 무슨 일이 일어났는지 파악하기보다 이 불쾌감이 먼저 떠올랐었다.

최근에 남편에게 변화가 생겼다. 요리를 시킬 줄만 알지 본인이 나서지 않았던 이가 즉석식품이나 간단한 요리를 조리한다. 전에는 없던 일이라 놀랍다. 아마도 본인의 만행을 알고, 미리 준비하는 모양이다. 호호호.

그럼에도 불구하고

춘기 씨를
보듬어 안고

내가 성공을 했다면,

오직 천사와 같은 어머니 덕이다

-링컨-

"이 세상에서 가장 어려운 일이 부모의 역할"이라고 투덜대던 Tony Blair의 푸념을 듣던 2000년에는 그의 말을 충분히 이해하지 못했다. 맏아들 Euan이 약을 하는 등 스캔들을 일으켜 매스컴에 문제아로 비춰지자 난처한 표정을 지으며 툴툴거리던 그의 얼굴이 기억난다. 매력적인 목소리를 지닌 Blair 수상도 한 아이의 아버지임을 알고 나니 웃음이 난다.

아들이 초등학교 6학년이 되어 사춘기에 접어들던 무렵이 생각난다.

"아들! 이렇게 해볼까?" 하면 "네에" 하며 귀엽게 대답하던 아이가 모든 일에 심드렁하게 "하고 싶은 대로…." 하며 불손하게 대답하곤 했다.

가끔은 가슴이 답답하다며 소리도 지르고 방문도 '꽝!' 닫고 들어가 한동안 나오지도 않았다. 욕도 자주 하고 그 강도가 높아 깜짝 놀라기도 했다.

물론 어려운 시험을 앞둔 초딩 6학년으로 학습량이 다른 친구들에 비해 장난이 아니라는 걸 이해하지만….

아이들의 성장과정은 옛날보다 훨씬 빨라졌다. 여자아이의 초경도 그렇고 사춘기가 찾아오는 시기도 그렇고 여러 가지들이….

한번은 대답이 공손치 않아 야단을 치자 "저 사춘기거든요." 하며 건방지게 대답을 한다.

제 딴에 사춘기가 대단한 권세라도 되는 듯하다.

몇 차례의 상처를 받고 나자 상심한 나는 친정엄마에게 전화해 나의 '춘기 시절'을 물어보았다.

"무난했느니라."라고 일러주셨다.

근데 "결혼하기 전까지…."를 덧붙이신다.

나의 또 다른 엄마인 대모께서는 "그라시아! 걱정하지 마. 자아가 생기며 잘 성장하고 있다는 증거야. 마마보이를 뭐에 쓰니? 남자아이가 여자아이보단 사춘기가 좀 더 어렵단다."라며 위로하셨다.

아들아이가 말을 듣지 않아 속이 상해 끙끙거리다가도 조금만 예의바르게 응대해 주면 마음이 즉시 풀어지는 걸 보니, 나도 내리사랑에 어쩔 수 없는 엄마임에 틀림없나 보다 하고 웃을 수밖에 없었다.

"아들. 그 사춘기 빨리 끝내. 응? 글구 우리 예전처럼 사이좋게 자알 지내보자."

이렇게 사춘기를 보낸 아들아이가 이제 대학생이 되고 군대까지 제대했다. 지금은 복학하기 전에 1년간 잠시 여행도 하고 아르바이트도 하고 있다.

이제는 청소년들이 예뻐 보인다. 아니 예쁘다.

아주 짧은 치마를 입고 립스틱을 바르면서 더 예뻐지고 싶어 하는 그 마음도 예쁘고 괜시리 다리를 떨고 센 척하며 스키니 교복 바지에 머리를 염색하고 툴툴거려도 예쁘다.

그 시간이 그리 길지 않음을 알고 있고, 그 과정의 내 아이들을 다 겪어보았기 때문이다.

2년 전 정자1동 사거리를 지나다 청소년 지도 위원을 모집한다는 현수막을 보고 덥석 자원봉사를 하겠다며 손을 든 것이 인연이 되어 회장 역까지 맡게 되었다. 연임까지 하며 며칠 있으면 소박한 2주년 기념일 행사를 한다.

취임사 때 청소년을 다음 세대로 안전하게 잇는 다리가 되고 싶다고 말했다.

창립 이후 1주년 때는 장학생 1명, 2주년 때는 장학생 2명을 뽑아 우리 마을의 청소년들에게 장학금을 주기도 했다. 앞으로도 이렇게 일 년 단위로 정비례하여 장학금을 받는 아이들의 수를 늘려가며 꾸준히 그들의 마음을 보듬는 일을 하고 싶다.

둘째 딸,

엄마 집에 와줘서 고마워

당신의 삶을 사랑하라
그러면 당신의 삶 역시
당신을 사랑할 것이다

-아르투스 루빈스타인-

우리 모녀가 무척이나 좋아하는 연예인이 있다. 그 주인공, 이승기가 김치 냉장고를 선전하면서 말한다.

"김치 맛있어서 고맙다." 그의 말을 듣고, 엄마 역할의 여인이 말한다.

"맛있게 먹어줘 고마워."

금년 초, 우리 집에 입양되어 온 강아지, 말티즈 민트에게 하고 싶은 말이다.

"우리 둘째 딸 민트, 엄마 집에 와줘서 고마워."

15년 동안 강아지와 함께한 친구의 추천과, 지인들의 경험담도 참고하여 사춘기를 심하게 앓고 있는 아들아이와의 관계개선을 위해 장고 끝에 입양한 둘째 딸 민트.

무릎에 멍이 시퍼렇게 들어있어도 언제 그랬는지 모르는 나, 눈썹

휘날리며 달리기 일쑤에다 무수리처럼 사는 날이 많은 나의 일상에서 강아지를 입양하는 것은 엄청난 결심이 필요한 일이었다.

민트를 입양하기 전, 아들에게 강아지 배변처리나 목욕 등을 일임했다. 수차례 다짐을 확인하고 나서야, 여러 동물병원을 다닌 후 민트를 가족으로 맞이했다. 아들은 본인이 민트의 주인이라며 입양 서류에 있는 견주란에 자신의 이름을 올렸다. 생후 2개월에 처음으로 만난 민트가 우리 집에 와서 준 기쁨은 이루 말할 수 없다.

하얀 털에 핑크빛 속살을 가진 이 아이는 귀족인이 틀림없다. 어두운 피부색을 콤플렉스로 여기는 남편은 민트의 분홍빛 살결을 부러워한다. 제대로 꾸며주지 못해도 있는 그대로가 빛나는 아이이다. 기숙사에 머물고 있는 딸을 데리러 갈 때, 동행하는 민트는 긴 시간의 외출에도 곧잘 소변을 참는다. 집으로 돌아오면 자신의 소변패드로 향하는 뒷모습이 대견하기만 하다.

12월 18일, 오늘은 민트의 첫 돌이다. 첫 생일을 축하하기 위해 아들에게 케이크를 사오라고 했다. 평소 돈을 아끼는 아들은 작은 사이즈로 준비한단다.

"민트야, 생일을 진심으로 축하해. 너를 만난 것은 정말 큰 기쁨이야. 네 어미와 같을 수는 없지만, 엄마 못지않은 따뜻함으로 대해주고 싶단다. 너의 귀한 걸음이 헛되지 않게 우리 앞으로도 꽃길만 걷자."

민트가 온 후, 사춘기 아들에게 변화가 생겼다. 요즘 아이들은 외동이거나 형제라고 해도 기껏 두 명 정도라 자기주장이 강한 편이다. 우리 집 막내인 아들은 민트를 돌보며 배려를 알게 되었고, 책임감도 길렀다. 민트의 용변을 처리하고, 그 고운 털이 조금이라도 엉켜있으면 능숙하게 빗질을 한다. 본인은 암놈의 성향과 심리까지 파악할 수 있단다.

얼마 전에는 초경을 시작한 민트를 통해 아들의 성교육도 자연스레 진행했다. 초경을 한 민트를 바라보고 있자니, 딸아이의 초등학교 6학년 때의 일이 생각났다. '벌써 숙녀가 다 되었구나.' 하는 기특함에 코끝이 찡해왔다.

동물 특유의 본능으로 서열을 인식한 민트는 서류상 주인인 아들보다 나를 1순위로 여긴다. 아들과 친밀하게 지내다가도, 현관에 내가 들어서면 흔한 말로 제 주인과는 안면몰수다. 약이 한껏 오른 아들은 이유가 무엇인지 따지듯 묻는다.

"네가 원하는 대로 움직이려 하지 말고, 민트가 진정으로 원하는 걸 해주면 되지." 속상해하는 아들을 향해 말했다.

민트를 돌보는 우리들의 수고에 비해 이 아이가 주는 기쁨은 장담하건대 천 배 이상이다. 힘든 일과를 마치고 현관에 들어섰을 때, 민트는 메트로놈의 빠른 움직임처럼 꼬리를 흔들며 반겨준다. "엄마가 최고예요."라고 말해주는 것 같다.

중년 여성인 나를 ㄱ 어디를 보고 이렇게 환대해 줄까? 집에서는 그저 식사를 챙겨주는 사람, 밖에서는 부끄러움을 모르는 거친 아줌마 취급을 받는 나다. 이런 나를 세상에서 가장 귀한 사람이라는 듯이 달려와 반기는 민트 덕분에, 나는 집에 들어서는 일이 너무나도 즐겁다.

민트는 아들과의 대화에서 빠지지 않고 등장한다. 오늘 민트는 어땠는지, 사료는 잘 먹었는지, 손을 주는 훈련은 성공했는지, 목욕을 해서 그런지 더 예뻐진 것 같다는 등 아들과의 대화에서 풍성한 이야기 소재가 된다. 아들은 나와의 의견충돌이 있을 때면, 민트를 안고선 눈을 맞춘다.

"민트야, 너는 엄마가 한 말이 이해가 가니? 말이 된다고 생각해?" 하며 자신의 편을 들어달라고 호소하기도 하고, 감정을 추스른다.

사춘기 자녀와의 갈등이나 소위 중2병에 대한 어려움을 상담

하는 내담자에게 나는 반려견 입양을 조심스레 제안한다. 내 경험에 비추었을 때, 반려견은 기쁨이자 행복이다.

우리나라 애견인구가 늘어나면서 동물에 대한 단어들도 무척 감동적이다. '반려동물'이 그 대표적인 예다. 사람을 위해 즐거움을 주는 애완이 아니라, 인생을 함께하는 반려자라는 의미이다. 그에 따라서 강아지 '분양'이 아닌, '입양'한다가 맞다. 가족의 일원으로 자식으로 함께하자는 의미에서다.

런던 생활 중, 인근의 공원을 거닐 때 반려견들과 산책하는 사람들을 마주했었다. 자신의 반려견들과 눈을 마주치며 웃고, 공을 던져주고 물어오게 하는 일들을 보면서 '얼마나 할 일이 없으면 저럴까?'라고 생각했던 내가 부끄럽다. 그들은 나보다 앞서 반려견이 주는 기쁨을 나누고 있었던 것인데… 삶의 기쁨을 아는 이들이 부러워진다.

최근 공감되는 기사를 한 편 읽었다. 반려견과 함께한 사람들이 그렇지 않은 사람들보다 장수한다는 내용이다. 민트와의 산책만 해도 그렇다. 혼자 집에서 보내는 시간이 많은 아이의 스트레스도 해소하고, 다리 근육도 단단하게 해주면서 함께하는 나도 산책의 효과를 보니 이것이 일석이조일 테지.

긴 시간 집을 비울 때면 반려견을 위해 라디오를 켜둔다는 선배언니의 말을 참고해 Dog TV라는 채널을 발견했다. 한 달 시청

료가 비싼 것이 흠이라면 흠이지만, 낮 시간을 혼자 지내는 민트를 위한 일에 기꺼이 감수할 수 있었다.

채널은 주로 외국 프로그램을 수입해 송출한다. 우리가 들어도 편안한 음악과 아름다운 풍경을 보여주고, 반려견과 함께하는 생활 중에 일어나는 해프닝을 통해 재미와 감동을 느낄 수 있다. 나는 아침 신문을 정독할 때 듣던 음악 대신, 이 채널을 틀어놓는다. 이제는 민트보다 내가 더 Dog TV의 애청자인 것 같다. 이 또한 민트로 인한 뜻밖의 즐거움이다.

내게도 이제 지천명이 다가온다. 두 아이들이 러시아 모스크바로 나가있는 요즘, 중년여성에게 다가온다는 '빈 둥지 증후군' 은 나에게만큼은 예외다. 내게는 민트가 있기에. 우리는 화장실도 같이 쓰는 사이다. 남편과 공유하기에는 불편한 장소지만, 민트와는 같은 공간에서도 전혀 불편함이 없다. 민트와 함께한 약 5년간의 단점을 굳이 떠올려본다. 고민 끝에 생각한 단점은 TV 속, 동물의 왕국에 나오는 맹수들이 더 이상 무섭지 않다는 것이다.

나는 오늘도 내 안에 충만함을 선사한 민트를 위해 모임 장소에 봉투 하나를 들고 와 고기가 두툼히 달린 뼈 하나를 담았다. 현관문에 들어서면 우리 둘째딸은 '엄마 최고'라면서 꼬리를 흔들 테지.

"민트야, 우리 오빠가 결혼할 때까지, 엄마가 80살이 될 때까지 건강하게 살자. 엄마 집에 와줘서 정말 고맙다."

딸아이와의 여행

목적지에 닿아야 행복해지는 것이 아니라

여행하는 과정에서 행복을 느끼는 것이다

-엔드류 메튜-

딸아이와 함께 홋카이도로 여행을 떠났다. 아이와의 여행이 처음은 아니다. 중학교 때에도 북경을 함께 여행했다. 당시 딸아이가 보여준 배려에 감탄했던 기억도 난다.

아빠의 외국 주재로 인해 10년이나 해외와 한국을 오가며 학창 시절을 보내느라 얼마나 힘들었을까? 자신의 위치에서 최선을 다하며 살고 있는 아이에게 늘 감사하고 있다.

아이는 자신에게 맞는 일이 외교관 같다는 생각이 든다고 한다.

외시를 준비했으나 한국에서 수학해야만 잘 이해할 수 있는 헌법 등이 딸아이에게는 넘지 못하는 벽이었다.

아이의 스트레스도 풀어줄 겸, 일부러 5월에 외시 2차 시험이 있을 즈음 잠시 공부를 잊을 양으로 단둘이 일본 여행을 떠나자고 제안했다.

평소 쇼핑을 그닥 즐기는 편이 아니지만 여자들끼리의 즐거움을 누려보고자 면세점에 들러서 이것저것 골라주기도 하고 더 밝게 이야기하려고 노력했다.

비행기를 기다리는 동안 라운지에서 차분히 음식을 즐기는 여유도 가졌다. 난 벚꽃이 새겨진 긴 드레스에 흰 카디건을, 딸아이는 긴 노란색 스커트에 흰 셔츠를 걸쳐 우리 둘 다 봄처녀의 느낌이 물씬 났다.

약 2시간 30분이 걸려 도착한 홋카이도는 차가운 늦봄의 느낌이 풍겼다. 벚꽃도 아직 남아있었다. "역시 여행 복이 있단 말이야~" 하고 짐짓 크게 외쳤다.

그런데 아쉽게도 가이드 덕분에 오전 내내 딸아이와 간격이 생겼다. 마침 스승의 날인지라 한국의 강사들에게 축하메시지와 커피 쿠폰을 선물하려 했는데, 일본은 인터넷이 한국보다 느리기에 쿠폰 보내느라 버스 탑승이 조금 늦어지게 되었다. 가이드에게 미리 말을 해두었음에도 잔망스런 가이드는 일부러 버스 안에서 나를 찾았다고 한다. 유독 남에게 폐를 끼치는 것을 싫어하는 딸아이는 그것이 창피했단다.

2분 정도 늦은 것이고 자초지종 설명도 했으나 오전 내내 말을 하지 않고 있다가 결국 먼저 손을 내밀어 주어 무사히 화해하게 되었다.

이번 여행에는 유독 모녀간의 여행객이 많았다.

칠순의 엄마와 미혼인 중년의 딸, 아이를 돌봐주는 친정 엄마가 고마워 함께 모시고 여행 온 딸 등등. 그러고 보니 나도 2년 전

엄마, 나, 딸아이와 함께 모녀 3대가 여행을 한 적이 있었지.

일반적으로 모자지간보다는 모녀지간의 여행이 많은 것 같다. 다 그런 것은 아니지만, 내 경험에 의하면 남자 아이들이 정서상으로 딸보다 무심한 편이다. 여자 아이들의 성정이 조금 더 자상하고 섬세해 같은 여성인 엄마와 공감하는 부분이 많다.

예를 들면 립스틱을 고를 때, 딸과 엄마는 새로운 제품이나 컬러를 권해보기도 하고 서로 의견을 교환하지만 남자 아이는 "이거 어울리니?" 하고 물으면 무조건 다 어울린다고 하기 마련이다. 한마디로 귀찮다 그거다. 남자아이 입장에선 써본 적도 없는 물건이니 딱히 뭐라고 해주기 어렵고, 어울리지도 않는 것을 물어

올 때 안 어울린다고 하면 삐칠지도 모르니 그냥 '에라 모르겠다 어울린다고 해버리자.' 하는 것 같다. 어쩔 수 없다. 남자아이와는 쇼핑으로 친목을 다지려 하면 안 된다. 차라리 스포츠를 좋아한다면 야구장이나 축구경기에 데려가는 게 나을 것 같다.

벚꽃이 남아있는 거리에서 서로의 우표가 되어 사진을 찍기도 하고 일본 특유의 정갈하면서도 예쁜 음식을 먹으며 웃고 또 행복했다.

나는 일본 도시바 전자 반도체 부문에서 근무한 경력이 있어 일본어가 가능했다. 한 식당에서 배가 터지도록 먹는다는 것이 무엇인가를 보여주고자 웨이터에게 팁을 주며 '오이시이요. 오이시이.' 하며 맛난 대게를 무한리필 받았다. 한 모녀팀은 아예 식사 시간이면 우리를 따라 같이 자리에 앉기도 했다.

사진을 예쁜 각도로 잘 찍는 딸아이는 조금 통통한 엄마를 날씬하게 찍어주었다. 오타루에서 오르골 가게에 갔을 때는 "영국에서 산 music box와 닮았다."며 영국 antique 이야기를 하기도 했다. 영국과 일본의 닮은 점에 대한 생각도 나누었다. 같은 섬나라, 이웃 나라에 비해 몸집이 작은 편, 벚꽃이 많은 것, 운전대가 오른쪽에 있는 것 등등… 학문적으로 토론하기보다 추억을 되짚는 느낌으로 이야기했다.

중간 중간 맛난 군것질거리 또한 입을 즐겁게 해주었다. 스누

피차야의 아이스크림, 시로이 고이비또의 초콜릿과 포도 젤리… 한번은 딸아이가 큰돈을 내며 사케를 대접해 주었다. 기특하다.

여행 중 딸아이와 고른 작은 벚꽃이 새겨진 커튼은 지금도 거실에 앙증맞게 걸려있다. 벚꽃이 그려진 도쿠리 술병과 술잔 세트를 가끔 애용하기도 한다.

딸, 지금 힘든 시간을 보내고 있으나
자신의 힘으로 우뚝 서게 되는 그날
다시 한번 야…호…소리 지르며 여행을 가보자.
하느님, 우리 에텔부르가에게 당신의 뜻을 알려주소서.

아들과의 여행

여행이란
젊은이들에게는 교육의 일부이며
연장자들에게는 경험의 일부다

-베이컨-

외국 생활을 길게 한 덕분에 어릴 적 가족 여행은 많이 했으나, 한국으로 귀국한 후에는 학교 일정 때문에 가족 전부가 움직이는 것이 그리 쉬운 일이 아니었다. 그러던 중 운 좋게도 아들과 함께 미국과 캐나다 동부를 여행할 수 있는 기회가 주어졌다.

아들아이는 중3이었고 난 약간의 시술을 하였기에 얼굴에 붓기가 있던 시기였다.

어쩌면 아들과의 단둘이 여행은 이번이 마지막일지 모른다는 생각이 들었기에 어려운 일정을 조율해서 뉴욕행 비행기에 올랐다. 여행 가방을 싸며 설레었고 즐거워했다. 미국은 처음인지라 그곳에 관한 공부도 미리 해두었다.

도착한 JF Kennedy 공항은 나쁘지는 않았다. 깨끗하고 아름답고 편리한 인천 공항에 적응된 내게 웬만한 공항은 눈에 들어오지 않는다. 호호호.

여러 곳을 다녔지만 어린 아들과 함께 우비를 쓴 채 손을 잡고 나이아가라 폭포를 거닐던 일이 가장 기억에 남는다. 운 좋게도 호텔 창밖으로 그 아름다운 물 덩어리를 볼 수 있어 이틀 내내 나이아가라와 함께하는 행운을 누렸다.

하버드 대학 교내를 돌다가 아들이 명문대를 갔으면 하는 마음에 쿡 옆구리를 찔러보기도 하고, 월가에 있는 유명한 황소 동상에 행운을 빌어보기도 했다.

숨겨져 있던 아들아이의 속내도 들을 수 있었다. 아들 말인즉 내가 늘 누나에게만 중요한 일을 맡기고 자신은 그것을 돕는 보조 역할만 시킨다며 서운했다고 한다.

맞다 맞아, 나는 딸아이의 능력을 믿고 그 아이에게만 작은 심부름과 서류 정리 등을 일임했다. 아들아이에겐 주가 아닌 부가 되는 일을 시켰었다. 알아차리고 반성했다.

한 선배의 조언에 의하면 결혼한 아들은 만질 수 없다고 한다. 아들과 손을 잡는 것도 며느리 눈치가 보인다는 것이다. 그러니 내 소속일 때 많이 쓰다듬어주라고 한다.

그래서 약간의 갈등이 있어도 여행 내내 손을 열심히 잡고 등도 많이 쓰다듬고 버스에서도 어깨에 기대게 하며 터치의 기회(?)를 많이 가졌다. 잘생기고 운전을 안전하게 해준 이태리 운전기사가 멋있다며 함께 사진을 찍기도 했다.

나는 평소에도 물건을 많이 갖고 다니는데 여행할 때도 물건을 많이 챙기는 편이다. 아들은 이를 창피해했다. 남들은 트렁크 하나인데 왜 엄마만 두 개냐 하는 거다.

"응 그렇지. 엄마는 여행 중 필요한 물품이 많아." 하고 답을 하자, "그럼 엄마 트렁크는 엄마가 끌어."라고 면박을 준다. 그래도 나중에 트렁크를 들어주었다. 조금 창피하다고 하면서.

그 당시 기초학력 평가가 사회적 issue였던지라 아쉽게도 아들은 하루 먼저 귀국했다. 나는 혼자 남아 워싱턴의 링컨과 오벨리스크를 만났다.

미국, 캐나다 동부 여행을 마치니 미국 영화에 나오는 뉴욕의 장면이 예사롭지 않게 보였다. '섹스앤더시티'에 나오던 곳도 알아차리게 되는 즐거움이 있었다.

친구에게 할리우드 영화에 더 몰입할 수 있는 계기가 되었다고 이야기했고, 대학생이던 딸아이에게도 한번 여행하기를 권하여 아이가 친구와 함께 떠나기도 했다. 그런데 핸드폰을 소매치기 당하고 여행사 가이드가 자꾸 원치 않는 프로그램을 강압적으로 권유한다는 등 불상사도 생긴 모양이다. 가이드 문제는 한국 여행사 본사에 연락해 해결될 수 있도록 도움을 주었다.

그래도 나쁜 일만 있었던 것은 아니고 캐나다 maple축제와 일정이 겹쳐 더 풍부한 여행이었다고 하니 무척 다행이다.

여행은 단맛과 쓴맛이 공존하는 삶의 휴식처가 틀림없다. 가슴이 떨릴 때 가야지.

하느님

꽃보직을 바라지 않습니다

내 목숨 있는 동안은 자식의 몸을 대신할 것을 원하고
내 죽은 후에는 자식의 몸을 지킬 것을 원한다

-부모은중경(父母恩重經)-

내일이면 아들아이가 21개월의 군복무를 무사히 마치고 제대를 할 예정이다.

일요일 아침 일찍 일어나 분홍장미, 연분홍 카네이션 그리고 흰 수국이 들어간 꽃바구니를 만들었다. 연분홍 리본에는 "내 새끼 고생 많이 했다. 엄마가"라고 적었다.

아들의 군 입대에 관한 몇 가지 에피소드가 있다.

눈이 많이 나빠 군 면제를 받은 남편은 머리는 크고 가슴이 작다. 그런 남편과 살다 보니 내심 대한민국 남자라면 군대는 꼬옥 다녀와야 한다는 생각을 늘 하고 살았다. 참고로 친정의 오빠, 남동생도 면제이고 시댁의 시누이 남편들도 전부 면제이다.

런던에 머물던 시절, 한국에서 녹화된 VCR을 빌려서 그 프로에 등장하는 어떤 연예인을 보며 즐거워했었다. 그런데 그가 훗날 군대 기피로 전 국민에게 격하게 내동댕이쳐진 사실을 알게 되었다. 대한민국에서 군 면제에 대한 사회적 시선이 무엇인지 생생히 느낄 수 있었다.

내 아이도 남자 아니던가? 하나뿐인 아들 장래에 누가 되는 일은 일어나지 않길 원했다. 그렇다고 강요하듯이 이야기하면 오히려 반발할까 봐, 권유가 잔소리가 되지 않도록 입을 꾸욱~ 틀어막고 참아가며, 바를 정正자를 쓰듯이 봄에 한 번, 여름에 한 번, 가을에 한 번, 그리고 겨울에 한 번 군대에 대한 내 의견을 건넸다.

"아들, 우리 아들이 다음에 외무부 장관이 하고 싶다 했지, 그런데 다른 자격은 다 갖추어도 미필이라 하고 싶은 일을 못 하게 되면 너무 억울하겠지? 그 가수 봤잖아. 정말 재능 있는 사람인데도 군대를 기피해서 무섭게 버려졌어. 이젠 입국도 못 하잖아. 그래서 나는 네가 많이 힘들어도 군에 입대했으면 좋겠어…." 이렇게 한 계절에 한 번씩 이야기하여 4년을 세뇌하기에 이르렀다.

아빠의 주재원 생활로 10년 이상 외국 생활을 했기에 군복무를 안 할 수 있는 방법도 있었다. 허나 고맙게도 아들은 모스크바 대학 1학년을 마치고 여름 방학에 귀국해 신체검사를 받았다. 그리고 2학년을 마친 뒤 2017년 10월 러시아어 통번역병으로 입대를 하였다.

입대하는 날 눈물을 찔금찔금 흘리기도 하면서 전 가족이 논산 훈련소로 갔고 준비한 도시락을 주었으나 모두 하나도 먹지 못했다.

훈련소에 아들을 두고 나오는 길에 성당에 들러 미사를 보고 차분한 마음으로 귀가했다. 아들의 입대에 있어서의 기도 제목은, "하느님 꽃보직을 원하지 않습니다. 단 아들 아이의 엉덩이를 남자가 만지는 일이 일어나지 않게 도와주세요."였다. 군대 내 성희롱 문제가 못내 마음에 걸렸던 것이다.

그 기도의 소원이 이루어져 다행히 그런 일은 일어나지 않았다. 휴가를 나올 때면 나는 아들의 종아리, 엉덩이 등을 장난스레 두드리며 "우리 아들 엄마 말고 다른 사람이 여기 만진 적 있어?" 하고 물었다. 아들은 "엄마, 나처럼 이렇게 큰 아이를 누가 만지겠어?" 하고 반문을 한다. 하느님 감사합니다.

훈련소 생활의 기쁨 중 하나가 손편지를 받는 일이라고 하여 나와 딸아이가 열심히 편지를 쓰기도 했다. 이메일은 정말 하루에 한 통씩 썼다. 내가 힘들게 복무하고 있는 아이에게 해줄 수 있는 건 이것뿐이라는 생각에 으쌰으쌰 열심히 했다. 바쁜 시험 준비 중에도 힘이 되어준 딸아이가 무척 고맙다.

약 2주 후 도착한 아들아이의 옷과 소지품, 신발을 보니 자알 지내고 있구나 하는 믿음이 생겼고, 5주 후 논산 훈련소에서 계급장을 붙일 때는 나를 잠시 안아주던 그 느낌에 눈물이 핑 돌기도 했다. 언제 이렇게 커버렸는지. 당당한 군복을 입은 아들의 품은 그 누구보다도 든든하고 따뜻했다. 그때 준비한 맛있는 도시락과 논산 딸기를 전해줄 때의 기분은 경험해 본 사람만이 알 것이다.

운 좋게도 아들은 집에서 차로 30분 거리에 배치를 받아 자주 만날 수 있었다. 무엇이 가장 힘드냐고 물어보자 돌연 세상과 연결되지 않은 것 같은 느낌이 들 때가 가장 무섭다고 한다. mobile 세대에 속한 아이이기에 이해가 간다.

어르신들은 '요즘 군대는 군대도 아니다'라고 하신다. 특히 어렵게 군 생활을 지내신 분들은 더 그렇다. 그러나 난 동의하기가 어렵다. 그들이 겪은 어려움의 무게와 잉여 세대로 성장한 우리 아이들의 어려움의 무게는 비슷할 것이라는 생각이 들기 때문이다. 수직적인 비교보다는 수평적인 비교를 추천하고 싶어진다.

군대를 보낸 엄마도 아들과 정비례해 힘들다.

2018년 봄, 전쟁설이 나돌 때는 '이 전쟁설이 사실이면 내 아들이 가장 앞에 설 텐데' 하는 두려움에 힘이 들었고, "요즘은 군대도 핸드폰 사용 가능하다고 하던데요?" 하는 딸만 둘 가진 엄마가 무심하게 던지는 말에는 "아직 그 일이 시행되지 않았어요."라고 대답하며 저 여자의 자식도 군대 갔으면 좋겠다는 마음이 벌컥 들기도 했다.

지극히 개인적인 생각이지만 여성도 1년 정도는 군에 입대하여 총을 쏘거나 힘쓰지 않는 업무를 하면 어떨까 생각해 보기도 했다. 여성에게도 군대가 좋은 영향을 끼칠 수 있지 않을까? 특히나 요즘처럼 "남자는 군대 가는데" 하는 남녀 대결적 구도가 이루어질 때 양성평등의 실현으로 나아갈 수 있지 않을까 하는 생각도 해본다.

물론 나는 남자 역시 가정생활에 있어서 육아를 비롯한 가사에 적극적이길 바란다. 서로가 서로의 영역을 경험해 보고 돕는 과정에서 진실된 배려와 이해, 사랑이 나오기 때문이다. 대한민국이 군대도 필요 없는 평온한 나라이면 더 바랄 나위가 없겠지만 말이다.

아들의 군 생활은 어떤 느낌일까 하여 동에서 모집하는 여성예비군 창단 멤버로 가입해 보기도 하고, 군복에 군화를 신고 계룡대 견학을 가거나 비상식량도 먹어봤다. 6.25 때 전사한 군인의

소박한 유해 발굴지도 찾았다.

군복을 입은 군인이 휴가를 나와 친구와 함께 거니는 모습을 봐도 아들 생각이 났고, 군인 앞의 여자 친구가 심드렁해 보이면 내 아들도 저런 대접을 받으면 어쩌나 하는 생각에 마음이 덜컥거리기도 하였다. 이러한 측은지심은 요즘 애들 말로 '에바'일까?

올 5월 초 아들의 생일잔치를 집 근처의 음식점에서 하게 되었는데, 남편이 "너는 재수도, 성형도 하지 않았고 자신의 기대보다는 항시 1년 정도 모든 걸 빨리 했으니 제대 후 바로 모스크바에

가지 말고 1년 정도 한국에 머물며 여행도 하고 앞으로 어떻게 살아야 할지 생각해 봤으면 한다."고 발표한다.

나는 속으로 '음… 멋진 생각이야. 이런 말을 할 수 있다는 것은 형편이 된다고 할 수 있는 것도 아니고, 생각만 있다고 되는 것도 아닌데… 여하튼 대단해요'라고 끄덕거렸다.

그러다가 금방 '아, 어떡하지, 아침밥 안 준다고 가끔 투덜대는 이 아이가 1년 동안 머무르면 나는 또 guilty한 마음으로 지내겠구나' 하는 생각이 냉큼 들고야 만다.

그러나 그것은 생각뿐, 바로 돌아와 무사히 군 생활을 마치게 된 이 아이에게 감사하며, 6월 호국 보훈의 달 마지막 날에 나라를 위해 목숨을 바치신 선배님들께 그리고 보이게, 보이지 않게 함께 대한민국의 건재에 힘쓰신 분들에게 감사를 드린다.

다 같은 엄마는 아니야

이별의 아픔 속에서만
사랑의 깊이를 알게 된다

-조지 앨리엇-

3월 14일, 젊은 아이들이 즐기는 White day인 오늘은 엄마의 기일이다.

부산의 모 대학교에서 심리상담을 하며 1박 2일 일정으로 머물고 있었던 때였다. 작은 오빠로부터 엄마가 임종 직전이라는 연락을 받았다. 그날 밤 6시간 동안 운전을 하며 분당으로 향했다. 엄마의 마지막을 지키기 위해서.

요즘의 미혼 여성들은 결혼을 하고 싶지 않아 하거나 하더라도 아이 낳기를 거부한다고 한다. 아마도 그 이유는 모성이라는 이름으로 포장된 희생을 치르고 싶지 않아서일 것이다. 나의 엄마 역시 나와 형제들을 키우며 많은 희생을 하셨기에 알 수 있다. 아마 엄마의 길은 더 힘들었을 것이다. 내 아버지가 돌아가셨으니.

내가 결혼할 때 나는 외삼촌의 손을 잡고 성당의 virgin road를 걸었다.

삶이 고단해서 그런지, 아니면 남편이 없으니 아들에게 더 마음이 가서 그런지, 엄마는 소설 속의 어머니처럼 '이구 내 새끼-'

하며 나를 품어 안는 분은 아니셨다.

아버지의 사고사 이후 시아버지와 함께 밭농사를 하던 엄마는 내게 실업계 고등학교 진학을 강력히 권하셨다. 너보다 남자 형제들이 진학해야 하지 않겠느냐며. 나는 반발했다. 인문계 고등학교로 꾸역꾸역 진학했고 장학생으로 대학을 들어갔다. 그렇게라도 하지 않으면 대학 진학을 할 수 없었을 것 같았다. 그 어린 나이에도 나는 '내가 희생을 해도 남자 형제들은 고마워하지 않고 당연하게 생각할 것'이라는 생각이 머릿속을 지배하고 있었다. 엄마 세대는 물론이고, 내 때에도 학업을 포기하는 여자 아이들이 있었으니 크게 그릇된 생각은 아니었다. 실제로 엄마의 남자 형제 중에는 수의사, 공무원도 계신다. 그러나 이모와 엄마는 그분들에 비해서는 배움이 짧다.

엄마에 대해 생각하면 인정, 칭찬, 격려보다는 여자답지 못하다고 지적받던 일들이 떠오른다. 어린 시절 엄마를 따라 시장에 가고 싶다고 하면 안 된다고 하고, 부평 고모네를 다녀오려 하면 무엇하러 그 먼 곳까지 가냐며 나무라시던 엄마였다. 남자 형제들에게는 나에게 하듯이 대하지 않았다. 큰오빠 도시락에는 내 것에는 없던 계란 후라이가 깔려있었던 기억이 난다.

이런 차별을 겪었던 나는 딸아이에게는 똑같은 아픔을 주지 않으려고 노력하게 되었다. 오히려 투사의 한 작용으로 더 보듬어

안았다. 허나 딸아이는 가끔 남동생과 차별을 느낀다고 항변한다. 하느님 앞에 그 아이를 의도적으로 아들과 차별한 적이 없음을 말할 수 있다. 아이가 그렇게 느낀다면 그런 것이니 어떡하겠는가마는….

상황에 따라 실수한 적이 있어 그렇게 느끼게 한 것이 있다면 사과해야겠지.

남자 형제들은 엄마를 고맙고 따뜻한 분으로 기억하지만 내게는 그렇게 느껴지지 않는 것은 불행일까?

엄마가 몸이 아파 누구도 돌볼 수 없게 되자, 마음이 아프지만 인천의 한 예쁜 요양원에 모시게 되었다. 그렇게 가끔 과일이며 젓갈이며 사 가지고 방문하던 중 '엄마가 요양원 생활을 죽을 때까지 벗어나지 못하겠구나' 하는 생각이 번개처럼 스쳐 지나간 날이 있었다. 그때는 마침 딸아이의 대학 진학도 결정이 된 참이었다. 엄마와 나 29세 차이, 나와 딸아이도 29세 차이였다. 우리 세 모녀는 얼마 남지 않은 친정 엄마의 이생 배웅에 맞추어 인천의 작은 섬에 1박 2일로 여행을 떠났다.

셋이 함께가 마지막이 될 수도 있는 여행은 평안하지만은 않았다.

우선 휠체어에 엄마를 앉히고 일으키는 일이며 승용차를 탈 수 있도록 돕는 일, 휠체어를 트렁크에 넣고 빼고 다시 장착하는 일 등등이 무척 어려웠다. 딸아이의 도움을 받았음에도 정말이지 매초 매분이 진땀이 나는 순간이었다.

그래도 섬에서 짭조름한 굴전과 매운탕을 사 먹고 송도의 고급 호텔에 머물며 쾌적한 저녁을 보낼 때는 기분이 좋았다. 몸이 불편한 사람들이 쉴 수 있는 방을 예약하는 행운도 가졌다.

딸이 피트니스 센터에 간 새에 엄마에게 간단한 목욕을 시켜드리려 했다. 휠체어에서 옮겨 욕조에 들어갈 수 있도록 돕고 씻겨 드리는 일은 비교적 수월했으나, 몸을 말리고 다시 로션을 발라 드린 후 침대 위로 누우실 수 있도록 도울 때는 내 몸도 땀이 범벅이 되었다.

이튿날, 조식 뷔페를 먹으며 뒷자리의 호주 할아버지가 멋있다고 한 말씀이 잊히지 않는다.

엄마는 몇 차례 창난젓이 먹고 싶다고 하셨다. 입맛을 잃어가는 과정이라 웬만한 음식은 다 맛이 없다고 하며 짜고 강한 것을 찾으셨다. 마음에 걸려 간병인 몰래 젓갈음식을 사다 전하기도 했다.

관리가 되지 않던 손톱에 연분홍 매니큐어를 칠해주면 좋아하셨다. 그렇게 3년의 요양병원 생활을 마치고 돌아가셨다.

요양원 생활을 보내시며 엄마는 종종 생활이 재미없다며 작은 아들네나 내 집으로 와서 살고 싶다고 하셨다.

어머나 큰일이네, 내가 엄마를 모실 만한 그릇이 못 되기 때문이다.

소규모의 일을 하고 있었던 탓도 있지만 엄마를 간병하고 싶은 마음이 일지 않았다. '왜 나하고 살고 싶은 거지.' 하는 생각과 '그렇게 남녀차별을 했으니 그 귀하게 여기던 아들하고 살아야 하는 것이 아닌가.' 하는 반항심도 있었다. 남편도 우리 엄마를 받아들이지 않겠지만 나 역시 여러모로 엄마를 받아들일 여건이 되지 않았다.

내 일을 정리하고 집에 들어앉아 간병하기도 힘들었고, 혹시라도 우리 집에 모시고 왔다가 바로 돌아가시면 '누나 때문에' 하는 이야기도 듣고 싶지 않았다.

이기적이라고 해도 어쩔 수 없다. 내 능력은 거기까지이니.

그 요양병원의 생활이 어쩌면 나의 미래일 수도 있겠다는 생각도 든다. 허나 3일간의 장례를 치르고 돌아온 후, 매일 미사를 드리며 나만의 이별식을 하고 조문을 와주신 분들께 감사카드와 수제 과자를 배송하고 나니 마음이 조금 편안해졌다.

지금은 성당에서 매년 기일마다 기도를 이어간다. 가끔 엄마와 나누었던 대화도 되새겨 본다. 엄마가 치렀던 희생이 기억나기도 한다. 엄마는 엄마 입장에서 최선을 다했던 것 같다. 내가 느끼기에 부족했을지라도 나를 사랑하셨으리라.

'엄마, 부디 하느님 품에서 평안하세요. 우리 다시 만나면 아들딸 차별하지 않는 세상에서 만나요.'

• • •

Mum, Big Hug please

03

…

꽃길 걸으며 만났습니다

정서적 금수저인

최성애 박사와의 만남

타인이 나와 다르게
살아가고 경험하고
행동한다는 사실을
이해하고 기뻐하는 것이
바로 사랑이라고 할 수 있다

-니체-

시어머니의 학대와 남편의 방관을 견뎌내며 긴 시간을 지낸 후 내 마음과 영혼은 황폐해질 대로 황폐해졌었다. 그렇게 지내다 40이 넘어 심리학에 관심을 갖게 되었다. 살고 싶어서 그랬나 보다. 나 스스로를 치유하지 않고서는 못 견딜 것 같아서.

평소 심리에 관한 책을 읽기는 하였으나 본격적으로 공부를 하면서 접한 심리학은 참으로 신비로운 학문이었다. 나를 이해하고 타인을 이해하고 그래서 모두를 이해하게 되니 자연스레 행복해지는 법이 심리학이었다.

심리학을 통해 나는 내 상처의 근본을 깨달을 수 있었고, 나를 상처 준 사람들을 완전히 용서할 순 없었지만 이해할 수는 있었다. 나를 바라봄을 통해 모든 것은 내 마음에 달려있다는 사실을 체감하였다.

명동성당의 심리 치유 프로그램에 등록한 후 인연이 이어졌다. 숙대에서 운영하는 심리상담사 과정까지 공부하게 되었고, '감정코칭'이라는 교육을 접하게 되었다. 곧이어 평창동의 HD행복연

구소까지 발길이 닿게 된 나는 약 4년 과정의 감정코칭 교육과 심리학 학부, 대학원 과정을 수료하게 되기에 이르렀다.

이 과정을 주관하시는 분은 최성애 박사님이란 분이시다. 그녀는 훌륭한 스탭과 함께 마음이 아픈 이들을 치유하고 가르치시며 사회에 선한 영향력을 행사하고 계신다.

나는 이분을 통해 많은 것을 배웠다.

박사님은 감정코칭의 대가인 미국 가트만 박사님의 수제자다. 감정코칭을 한국에 처음 들여오신 분이기도 하다. 환경이 어렵거나 부모로부터 거의 방치된 학생들을 보듬어 안는 데 전혀 주저함이 없다. 보육시설에 있는 아이들을 주기적으로 돌보며 수익의 일정 부분을 선한 일에 쓰고 계시는 의지의 여인으로 한 번도 사치스러운 느낌의 의상이나 구두를 착용하신 적을 본 적이 없다.

내가 나의 작은 일터의 핵심가치를 '선한 영향력'으로 정한 이유도 그녀의 삶의 자세를 본받고 싶어서였다. 그녀의 종교 역시 나와 같은 카톨릭이었다. 내 생각에 한국에 마더 테레사 같은 분이 있다면 그녀가 아닐까 싶다.

그녀의 제자들 대부분은 교육 분야에서 일하시는 선생님들이거나 나처럼 심리학에 깊은 관심을 갖고 있는 상처받은 사람들이다. 그분들과 교류하면서 많은 것을 배울 수 있었고, 동병상련의 정을 느끼며 나 자신도 많이 치유되었다.

내가 어떤 사람인지를 알게 되니 나를 둘러싼 주위를 더 잘 파악하게 되었다. 사람 사이의 감정에 대한 이해가 더욱 명료하게 다가왔다. 도수가 잘 안 맞는 안경을 쓰고 있다가 새것으로 바꾼 듯한 느낌이었다. 평온한 가운데 내 아이들의 입장도 예전보다 더 잘 이해하게 되니 소통의 길이 트였다. 나를 공격하는 상대의 감정과 행동이 무엇 때문인지 역지사지로 생각하니 오히려 나 자신이 편안해지게 되었다.

무엇보다 내 감정이 지금 어디에 와있으며 내 마음의 상태는 어떤지를, 잠시 쉬어가며 돌아볼 수 있는 것이 가장 큰 수확이었다.

심도 있는 심리학자들의 이론과 치료법을 배우는 과정은 매우 값진 경험이다. 이론적인 내용만 배우지 않는다. 일상생활에 직접적으로 많은 도움이 되는 행동강령도 배울 수 있다. 그중에 하나가 '주장훈련'이라는 것인데, 이는 상사가 나를 비판할 때나, 영화관에서 뒷좌석의 사람들이 불편하게 할 때 사용할 수 있는 작지만 꼭 필요한 대응법들로서 매우 재밌고 유익하다.

예를 들면 상사가 비판할 때는 "새가 지지배배 하고 지나가는구나." 라고 생각하고, 영화관 뒷좌석의 사람이 불편하게 할 때는 "당신 때문에"라는 말 대신 "'나'는 지금 이 영화를 자알 감상하기가 어려워요."라고 I-message로 말하는 자기주장법 등이다.

나 자신이 먼저 변하니 세상이 변했다. 이러한 변화를 남과 함께 나누고 싶다는 마음이 일어 나 또한 감정코칭 강의를 하러 어린이집이며 학교에 나간다. 내가 느꼈던 아픔을 남들도 가지고 있다는 것을 알고 있다. 그것을 따스함으로 채워주고 싶다. 탈북 이주민 여성들에게 교육을 할 때는 치유 도중 그들의 감정에 동화되어 스탭들과 학생들이 전부 눈물범벅이 되기도 했다.

최성애 박사님과의 만남은 정서적으로 흙수저에 가까웠던 나를 금수저로 바꾸게 한 커다란 사건이다. 그분을 통해 나는 내 정신적 성장의 여정에 나침반을 가지게 되었다.

평소 염색을 하지 않고 단정한 silver hair style을 고수하시는 것도 매력적으로 보여 나도 60이 넘으면 그렇게 해봐야지 하는 작은 계획을 갖고 있기도 하다.

11월, 또 감정코칭 강사의 보수 교육이 있다.

벌써 설렌다.

저요, 저요, 하고 먼저 신청해야지. 그분을 뵙고 그 수업에 빠져봐야지. 그리고 내 안의 우물을 더 맑고 깊게 키워가야지.

VIP

해외 순방 합류

경험으로 사는 것은
갑비싼 지혜이다

-로저 아샴-

“어머나 홍 과장, 이게 무슨 내용이지?” 하며 한글로 적혀있는 메일의 내용을 되물었다.

“원장님, 이거 대통령 해외 순방에 같이 가자는 이야기예요.”라는 대답이 돌아온다.

나처럼 분당의 작은 소상공인 아줌마에게 유럽 순방의 의사를 묻는 메일이라니. 꿈인가 생시인가 구분이 안 가서 정말 볼을 꼬집어보기도 했다. 나를 초대한 이 보이지 않는 손은 누구의 것일까? 곰곰 생각해 봐도 아직 모르겠다. 나는 어느 정치적 당에도 소속되어 있지 않은데 말이다.

다만 추측컨대 거짓이나 법에 저촉됨 없이 소규모로 사업을 하며 조금 불편한 사람들을 보듬어 안고 가는 선한 의지를, 위에 계신 분이 알고 있나 보다, 아니 그 기운이 전해졌나 보다 하고 생각해 본다.

첫 대통령 순방에 합류하는 일은 쉽지는 않았다. 영어로 자신의 회사규모, 종목, 그리고 그곳에 가서 하고 싶은 일들을 잘 적은 서류를 제출해야 했고, 무슨 심의회를 거쳐 선발된 후 중소기업 중앙회 소속으로 순방에 합류하게 되었다.

무사히 절차를 마친 뒤 마침내 VIP의 해외 순방 경제사절단의 한 일원으로 join하게 되었다.

우선 인천공항에서 좋은 분들을 만나 인사하고 비행기를 탄 후 프랑스 드골 공항에 내려 에펠탑 옆의 호텔에 묵었다. 다른 대표님들은 비즈니스 좌석을 이용하셨으나 나는 소상공인이라 이코노미 좌석에 앉았다. 무리를 해서 비즈니스를 타고 싶기도 했지만, 형편에 맞게 움직이는 것이 나을 듯하여 그렇게 했다.

젊은 시절 런던에 5년간 머문 경험이 있고, 파리 방문도 5번째인지라 여행에 설레는 마음보다는 그 행사의 의전, 방문 등이 무척 기대되고 궁금했다. 운 좋게도 인격을 갖춘 대표님들과 좋은 곳에서 좋은 음식을 즐기며 따듯한 시간을 보낼 수 있었다.

파리의 경제인 포럼에서는 유영민 장관님과 은행연합회의 김태영 회장님과도 조우할 수 있었다. 김태영 회장님은 훗날 2019년 3월, 4월에도 계속 잠깐 잠깐 뵙게 되었고, 그때마다 동네 주민으로서 격려의 말을 아끼지 않으셨다. 그 격려의 말은 바쁜 일정 속에 힘이 되어주었다. 형지 그룹 최병오 회장님은 입과 눈으로만 웃는 것이 아니라 저 내장 속 깊은 곳에서부터 끌어올려져 온몸으로 표현되는 그분 특유의 환한 미소로 환영해 주시기도 하셨다.

다리가 부을 정도로 바빴지만 대한민국 대통령의 일정에 조연이 되어 함께 움직이는 것은 영광스러운 일이었다. 멤버들과의 교류도 내 일에 도움이 되었다. 주한 프랑스 대사관의 초청으로 무역협회, 상공회의소 등의 단체와도 교류가 생겼다.

한복을 좋아하는 나로서는 혹시 몰라 한복을 준비해 갔으나, 국빈 초대의 장에는 함께할 수 없는 군번이라 쓸 일은 없었다. 그럼에도 불구하고 해외순방에 참석할 때마다 항상 한복은 물론 꽃신까지 준비해 갔다.

2차 해외 순방 때는 무역협회의 초청으로 가게 되었으나, 그곳에 아는 이가 없어 중앙회 소속으로 출발했고 여성단체 멤버와 인사를 하게 되었다.

그중에는 인생의 선배로 존경하고 싶은 회장님도 계셨으나 천박한 언어와 매너로 교만한 여성도 있었다. 나의 독특한 행동이 불쾌했는지 작심하고 독한 말을 내뱉던 한 속눈썹을 붙이고 다니던 여성은 "이렇게 여자 혼자 해외에 나오나?" 하고 퉁명스레 말을 꺼내기도 했다.

어이없는 질문에 꿀리지 않고 당당하게 대답했다. "예, 어렸을 때는 남편 해외출장에 동행하기도 했고 나이가 든 지금은 혼자 나오기도 합니다." 의심스러운 눈빛으로 쳐다본다. 왜 의심스럽게 바라보는지 나의 경험의 한계로는 이해가 되지 않는다. 그녀는 결국 그 존경할 만한 여성 회장님의 중재로 억지 사과를 했다.

캄보디아에서는 상공회의소 멤버와의 소통을 원하시는 분들이 계셔 작은 도움을 드리기도 했다. 그 멤버 중에는 젊은 시절 가난으로 배움이 짧았지만 지금은 성공하셔서 큰 회사의 대표가 된 분도 계신다. 구자열 회장님과의 조우도 무척 반가웠다.

3차 해외 순방은 중앙아시아로 가게 되었는데, 멤버가 또 바뀌었고 여성은 나 혼자였으나 리더의 배려로 그리 힘들지는 않았다.

일행들에게 VIP일정 외에 다른 유흥거리를 제공할 수 있다는 제안에 "그런 즐거운 일정은 나중에 다시 와서 함께하자"며 부드럽게 거절하는 리더로서의 미덕을 마주하기도 했다.

작은 우물에서 지내던 내게 해외순방의 경험은 나를 부쩍 성장시키는 계기가 되었다.

소련으로부터 강제 이주를 당해 이곳에서 맨땅에 헤딩했던 고려인 3세 분들의 역사를 들으며 마음이 아파 눈물이 나기도 했으며, 죄송한 마음이 한동안 떠나지 않았다. 그들의 슬픈 이주사와 현재의 상황을 접하고 나니 대한민국이 국제적으로 더 지위를 높여서 그분들의 아픔을 해소하고 복지에도 함께할 수 있어야겠다는 생각이 강하게 들기도 했다.

우즈베키스탄에서는 밭 매는 여인도 김태희라는 말이 있을 정도로 미인이 많다는 이야기가 있어서 정말 그런가 기대했는데, 러시아가 지배할 당시 이곳으로 이주한 러시아 여성의 후예들이나 예쁜 것이지 모두가 김태희인 정도는 아닌 것 같다. 각자 미의 기준은 다르겠지만. 그래도 그와는 별개로 은퇴하면 이곳에 와서 살고 싶다는 생각이 들 정도로 마음이 닿는 곳이었다.

중소기업 중앙회 회장님이 사절 행사는 기본으로 챙기면서 시간을 쪼개어 중소기업에 조금이라도 도움이 되도록 물류, 유통, 상담회 등으로 애쓰시는 모습을 보니 존경스러웠다. 자신의 일보다는 회원사들의 입장에서 더 필요한 것이 없는지를 알아봐 주시는 모습이 인상 깊었다.

특히 단체장의 자리에 계신 분들의 경우, 행사 진행, 장소 선정이나 음식 선택 그리고 자리 배치까지 신경 쓰시는 모습을 보면 절로 존경심이 생긴다. "왕관을 쓰려는 자 그 무게를 견뎌라."라는 말이 괜히 나온 것이 아니다.

무거운 여행 가방을 옮길 수 있도록 도와주신 코스닥 정재송 회장님의 배려에도 감사드린다. 순방 때마다 챙겨주시는 무역협회 조학희 상무님의 유창한 영어 실력에 감탄을 했던 기억도 난다.

그 후 2차례의 순방 제의가 더 왔으나, 체력도 그렇고 개인경비의 지불 문제도 있고 일은 쌓여있고 해서 당분간은 조금 쉬고 싶다.

정말 출세했습니다. 분당의 철없이 행복한 아줌마가 대통령 해외 순방에 합류하여 가까이에서 대통령을 뵙고 사절단의 일원으로 도움도 받으며, 보고, 느끼고, 기다리는 경험을 했으니까요. 그러한 경험들이 제 삶의 여정에 디딤돌이 되기를 소망해 봅니다.

새빠알간

나팔바지

우리는 그 누군가를 기쁘게 한다는 희망 속에서 산다

-사무엘 존슨-

2018년 뜨거운 여름, 사진으로 본 오렌지색 지붕에 반해 크로아티아 여행을 가기로 결심했다.

오고 가는 날 각 하루를 제외하면 일주일을 머문다. 발틱해와 함께 춤을 추기 위한 시원한 여름 의상을 챙겨 넣으며 콧노래를 흥얼거렸다.

우선 기본적인 아이보리색 롱드레스와 흰 카디건, 혹시 참가할지 모르는 파티를 위한 보석 장식이 달린 힐, 나에게 친절을 보여줄 현지인에게 줄 민속품 부채, 복주머니를 담는다. 이제 여행 마스터라 어떤 물건이 필요한지 척하면 안다.

이것저것 준비물품을 담는 와중, fast fashion shop에서 산 빠알간 나팔바지가 눈에 들어왔다.

그 나팔바지는 보통 바지 두 벌은 만들 수 있을 정도로 큰 옷감으로 넉넉히 만들어진 것으로, 하단에 주름이 굽이굽이 잡혀 눈에 확 띄는 매력적인 작품이었다. 화려한 듯하면서도 우아하고, 젊은 감각을 지닌 듯하면서 고상했다. 아줌마인 내가 입기에는

조금 작았던지라 수선집에서 약간 손을 보아 내 몸에 꼭 맞았다.

문득 설운도의 '상하이 트위스트'에 맞춰 춤을 추는 내가 떠올랐다.

'그래, 이런 때 아니면 언제 이 바지가 최고의 빛을 발하겠어.'

평상시에 쉽게 입을 수 없는 옷을 입고서 이국의 도심을 걷는 것을 상상하니 즐거웠다. 결국 그 옷을 마지막으로 캐리어에 고이 접어 넣었다.

크로아티아에 도착하자 시원한 바닷바람이 나를 맞았다. 도시는 여행객의 영혼을 울리는 매혹적인 분위기로 나를 감싸 안았다. 아름다운 자연과 건물에 취해 도시를 돌며 여행을 시작한 지 이틀째 되던 날, 4명으로 이루어진 한국인 여인 그룹과 조우하게 되었다.

그중 한 분이 왜 혼자 여행을 왔냐고 물어본다. 다른 친구들과 시간이 맞지 않아 일정 조율이 어려웠다며, 나 혼자만이라도 오고 싶었다고 간단히 설명했다.

유독 지쳐 보이는 얼굴을 한 그 여인은 자신이 올 초 사랑하는 아들을 위해 신장을 떼어주었노라며 툭 던지듯 이야기를 꺼냈다.

나는 그 자리에서 순간 요즘 아이들이 쓰는 얼음땡이 되어버렸다.

나라면 어떻게 했을까?

내 신장을 아들을 위해 전해줄 수 있을까?

내 것이 맞지 않는다는 허울 좋은 결과를 받으면 좋겠다는 생각도 스쳤고, 운명의 장난으로 내가 대신 죽게 되는 비극적인 마지막도 머릿속에 펼쳐졌다.

그러자 그 여인의 위대함에 대한 존경의 마음이 마구마구 일었다. 그녀의 아들이 영국에서 의대 공부를 했다는 말까지 듣자 젊은 시절 영국에 머물렀던 추억이 떠오르면서 순식간에 그 여인이 내 마음에 쏙 들어왔다.

이런 저런 이야기를 나누던 차에, 갑자기 그녀가 내가 입고 있는 빠알간 나팔바지가 마음에 든다며 자신에게 줄 수 있냐며 요청을 해 왔다.

여행 중 만난 지나가는 행인 1인이었다면 No.라고 했을 테지만, 그 귀한 신장을 아들에게 준, 나와는 다른 훌륭한 이 엄마에게 무엇인들 주지 못하랴는 생각에 흔쾌히 OK를 했다.

"입던 것인데 괜찮겠어요? 한국으로 돌아가 세탁해 댁으로 보내드릴게요."라고 하자 지금 이 여행에서 입고 싶다고 하신다.

알았다고 하고 마침 street shop을 거닐고 있었기에 근처 fast fashion shop에 들어가 갈아입을 여름 드레스를 산 뒤 땀이 배인 나팔바지를 건네주었다.

'임서연 차암 잘했어요.'라고 생각하며 기특한 나에게 마음속으로 토닥토닥하고 있는데, 그 여인이 새로 산 드레스를 계산하려고 한다. 나는 드레스 단장도 제대로 못하고 뛰어가 내 카드로 계산을 마쳐야만 했다.

그 작은 건넴이 있은 후 그녀의 방에 가서 컵라면을 먹기도 했고, 가끔 "잘 잤느냐? 같은 테이블에 앉아 밥 먹자."는 제의를 받기도 했다.

빨간 바지가 만들어준 소중한 인연을 안고 크로아티아의 정취

와 함께 돌아온 뒤에도 종종 그녀 생각이 났다. 아들을 위해 신장마저 떼어주었던 여인의 마음에는 무슨 생각이 오고 갔을까. 지친 몸을 이끌고 타지를 방문한 그녀의 눈에는 무엇이 보였을까. 여행 중 처음 만난 사람에게 빠알간 바지를 달라고 요청한 마음 뒤엔 무엇이 있었을까.

그녀만큼이나 나도 많은 생각을 하였다. 우리는 모두 빼앗길 수 없는 가슴속 빨간 바지를 갖고 있다. 인생에서 그 바지를 입어볼 수 있는 기회가 주어짐은 얼마나 좋은 일인가.

원래 여행에서 만난 사람은 여행으로 마치는 것이 좋다는 이야기가 있으나, 그녀와의 추억은 특별하였기에 1년 만에 6월 분당의 좋은 곳에서 그녀를 포함한 그때의 일행들과 다시 만나 식사를 하였다.

물론 밥은 제가 샀지요.

건강은 괜찮냐고 물으니 많이 좋아졌다며 대답하는 얼굴에 희미한 미소가 번진다.

더 건강하세요. 그 귀한 마음, 분당까지 와준 귀한 걸음 고맙습니다.

내 삶의 보물찾기

삶 속에서 소소한 즐거움을
끊이지 않고 느끼는 사람이야말로
진정 행복하게 사는 법을
알고 있는 사람이다

-아이리스 머독-

1998년 가을, 영국은 왕세자비 다이애나의 죽음으로 슬픔에 잠겨 있었다. 이 시기에 우리 가족은 남편의 박사학위 과정 이수를 위해 커다란 희망을 품고 런던으로 향했다.

한국에서 대학원을 마친 남편은 30대 중반에 들어서자 외국에서 박사학위를 취득한 후배들의 입성에 위기의식을 느꼈다. 불안한 자신의 감정을 이야기했고, 다행히 영국 대학의 입학 허가를 받은 우리는 5년 계획의 유학을 떠났다.

우리가 영국에 도착했을 당시, IMF로 인해 1파운드에 1,500원 했던 것이 2,700원까지 치솟았다. 이로 인해 네 가족의 영국생활은 초긴장, 초절약의 연속이었다. 이미 한국에서 안정된 생활을 경험한 나에게는 30대 중반에 유학생 아내로 살아간다는 것은 충분히 긴장되는 일이었다. 사과 한 알을 온전히 먹지 못하고 네 쪽으로 나눠 먹었지만, 많은 유학생들이 귀국길에 오르는 가운데서도 유학생활을 지속할 수 있음에 위안을 삼았다.

얼마나 열심히 살았는지, 그 시절 나는 슈퍼우먼에 가까울 정도로 하루 일정을 소화했다. 음식에 집착이 심한 남편은 매일 저녁 Main Dish를 요구했고, 방과 후 아이들 교육에서부터 양육은 온전히 나의 몫이었다. 여기에다가 영어공부까지 하면서 저녁 설거지도 못하고 쓰러져 버리기 일쑤였다.

유독 힘들었던 일은 사람과의 관계, 특히 성당 여인들과의 관계다. 전 세계로 파견되는 주재원과 그 가족들, 유학생들과 현지 교민이 묘하게 어우러지는 한인사회에서 내가 경험한 성당의 여인들은 신앙이 없는 일반인보다 훨씬 더 잔인했다.

각자의 기준에 따라 다르겠지만, 주재원들의 아내 대부분은 쇼핑과 골프를 위해 목숨을 걸었다. 이들과 원하는 바가 너무도 달랐던 나는 그들과 섞이지 못했다. 대신에 난 영국에 주재하는 일본 엄마들과 성서공부를 했고, 그녀들을 집으로 초대해 한국요리를 대접하며 가르쳐주기를 즐겨했다. 트렌드에 앞서 K-Food를 알리고 있었던 것인지도 모른다.

유독 친하게 지냈고, 지금도 영국에 거주하고 있으나 오늘도 한국에서 만나 맛있는 식사를 함께한 아나스타시아는 따스한 여인이다. 우리는 아이들이 어릴 적부터 현재까지 안부를 묻고 있다. 나이는 나보다 5년 위지만, 하얀 피부에 맑은 영혼을 가진 이 여인은 언니라기보다는 친구 같은 존재다. 나의 치부를 이야기해도 밖으로 새어 나가지 않을 것이라는 믿음이 가는 내 인생의 보물 같은 존재다.

영국생활 중, 나는 딸아이가 언어에 무척 강하다는 사실을 알게 되었다. 영국에 거주하는 한인 아이들이 토요일에 가는 한글학교 대신, 일본 토요학교에 다닐 수 있도록 도왔다. 뉴몰든에 있는 한인 토요학교보다 차로 1시간 30분을 더 가야 하는 곳이라 망설여졌지만, 아이에게는 둘도 없는 기회라고 여겼다. 딸은 나와 일본어를 예습, 복습을 하면서 독특한 발음구조에 킥킥대며 즐겁게 공부했다. 그 결과 일본, 영국인 가정의 아이들 반에서 1등으로 학업을 수료했다. 그저 지나쳤다면, 난 딸아이의 보물을 찾아주지 못했을 거다.

우리 부부는 어중간한 위치에서 영국생활을 했다. 학생치고는 나이가 많은 편에 속했던 남편은 20대 어린 후배들에게 음식을 대접하는 것을 즐겼다. 말이 자기가 대접하는 것이지, 결국에는 나의 일이었다. '수저 한 벌 더 놓으면 되지, 별거 있나?'라지만 그게 단지 수저 한 벌을 더 놓는다고 끝나는 일은 아니다. 우리 집을 방문한 이들은 20대의 풋풋한 유학생부터 30대이지만 가족과 함께 생활하지 못하는 학생까지 다양했다. 나는 이들을 두 팔 벌려 환영했다. 심지어 어느 준재벌의 아들이었던 유학생은 우리 집에서 100m 거리로 이사를 왔고, 일주일에 한 번은 꼭 우리 가족과 저녁을 먹었다.

어느덧 나는 집으로 사람을 초대하는 일이 마냥 귀찮게 느껴지지 않았다. 힘든 타지에서의 생활을 들어주고, 공감해 주니 이들의 얼굴에서 전에 없던 미소를 발견했다. 보물찾기를 하듯 한 명 한 명의 웃음을 발견하면서 힘들었던 지친 내 마음도 치유가 되었다.

어린 시절, 소풍에서 보물찾기를 하던 기억이 난다. 다들 손도 닿지 않는 높은 나무를 올려다보며 '내 보물은 어디에 있지'라고 불평만 했지, 자신이 바라본 나무 밑의 작은 풀잎 속에 숨겨진 보물쪽지는 찾지 못했다. 삶의 보물도 마찬가지다. 먼 곳이 아니라 지척에 있다. 다만 먼 곳을 보느라 찾지 못할 뿐이다.

삼고초려

(The Birth 그리고 antiques)

예술은 당신이 일상을 벗어날 수 있는 모든 것이다

-앤디 워홀-

유비가 제갈량을 얻기 위해 그의 처소를 3번이나 방문한 일화를 삼고초려라 부른다. 내게도 이와 비슷한 경험이 있다.

젊은 시절 런던에서 머물 때 동네 charity church에서 매년 10월이면 자선 바자회를 열곤 했다. 주로 성화나 성물, 그리고 크리스마스에 관련된 물품들을 판매하였는데 즐겨 방문한 기억이 난다.

엄마와 함께 다녀서 즐거워하는 아이들을 데리고 뉴몰든 한인타운 하이스트리트에 있는 오래된 교회를 찾았다.

그곳에서 나는 어떤 물건에 한눈에 반하고 말았다.

그것은 바로 예수님 탄생의 장면을 뜨개질로 짜 만든 '작품'이라고밖에 칭할 수 없는 것이었다.

마리아가 구유에 눕혀져 있는 예수님을 안고 있고, 양들과 양치기들, 화려한 옷을 입은 3인의 동방박사, 그리고 요셉의 형상까지. 각각의 특징을 나타내는 색깔과 모양이 어쩌면 그렇게 손으로 그린 그림만큼 섬세하고 정교한지 감탄을 금할 길이 없었다.

약 10분간 그 자리에 머물러 감상을 한 뒤, 그것을 사고 싶다고 했더니 이건 파는 것이 아니라 전시용품이란다. 쉽사리 포기할 수 없었던 나는 이 작품을 만든 사람이 누구이며 그의 주소를 알려달라고 요청했다.

결국 유치원을 다니던 어린 아들과 함께 작은 음료를 준비해서 작품을 만드셨다는 가비 할머니라는 분의 flat(한국식으로 아파트이지만 내가 보기에는 우리식의 연립주택이다)을 방문했다.

문을 열고 우리를 맞은 그녀는 70세가 넘어 보이는 깡마르고 기력이 없는 노인이었다. 지팡이에 의지해 나를 맞는 눈빛도 내가 한국인이란 것을 안 뒤에는 그리 다정하지는 않았다.

나는 그녀에게 새로운 작품을 요청하였고, 그녀는 이제 뜨개질을 하고 싶지 않다고 거절했다. 몸이 아프지는 않지만 기력이 없다는 것이다.

나는 작정을 하고 2주에 한 번씩 아들을 데리고 계속 그녀를 방문했다. 세 번째 방문에 이르자 마침내 그녀가 말했다.

"기다려요, Grace. 성탄절까지는 만들 수 없지만 이렇게 갖고 싶어 하니 하나 만들어주겠어요."

야호! 그렇게 나는 유학생의 아내로 쓰기에는 좀 커다란 금액을 드리고 'the birth'를 받아올 수 있었다.

약 한 달간은 그 작품만 봐도 즐거웠다. 귀국 후에도 성탄절 즈음이면 레이스를 깐 앤틱 탁자 위에 그것을 올려놓고 차가운

12월의 겨울을 조금 덜 춥게 느끼며 지냈다. 아기 예수님을 12월 24일 전까지 다른 곳에 숨겨놨다가, 25일 아침 마리아의 품이나 구유에 놓아두는 작은 재미를 즐기기도 했다. 지인 중 아이가 어린 집이 있으면 약 1주일간 순회 전시도 하며 행복을 나눴다.

귀국한 지 20년이 넘은 지금도 12월 초가 되면 어김없이 거실 한자리에 가비할머니의 작품이 놓여진다.

지금 봐도 그 삼고초려는 정말 잘한 선택인 것 같다.

훗날 두 차례 영국을 방문했을 때 이제는 하느님과 함께 계실 가비 할머니를 위해 그녀의 flat앞을 지나며 속으로 기도를 했다.

antique와 관련된 또 다른 재미난 추억이 있다.

영국 유학 당시 대한민국은 IMF 상황에 놓여있었다. 당연히 우리 집의 살림도 넉넉지 못했다. 박사 과정을 밟고 있는 남편의 식사에, 아이들 돌보랴, 영어를 배우는 일까지. 내겐 하루하루가 전쟁이었다. 그런 내가 숨을 틀 수 있는 공간은 새벽에 열리는 campton park antique market밖에 없었다.

그 당시 나는 antique에 대해 아는 것이 하나도 없었다. 런던에 머물고 계시던 선배님이 골동품에 문외한인 나를 데리고 시장에 데려가주신 것이 큰 행운이었다. 그녀의 도움으로 방문한 새벽의 차가운 antique 시장은 활기가 넘쳤다.

처음에는 전부 고물덩어리처럼 보인다고 생각했지만, 시간이 흐를수록 그곳의 진가를 알게 되었다.

안목이 없었던 초기에 구입한 것들은 허접한 소품에 불과했으나 조금씩 눈썰미가 생기면서 몇 개 훌륭한 것을 건질 수 있었다. 그중 몇몇은 지금도 이 자리에 있다. 이 글을 쓰면서 사용하는 책상도, 바로 그곳에서 산 물건이다.

참나무로 만들어진 우아한 기품이 풍기는 이 책상은 가비 할머니의 뜨개질 작품처럼 내 마음에 쏙 들어왔다. 허나 가격을 물어보니 어머나? 무척 비싼 것이 아닌가. 망설이다 집으로 돌아왔다. 그러나 그 책상은 계속 내 머릿속을 맴돌았고, 결국 남편과 함께 다시 가 동의를 구했다. “음~ 멋지군.” 하는 대답을 들었으나 여전히 비싸게 느껴져 그날도 되돌아왔다.

결국 이 작품도 세 번째 방문에 구입하게 되었다.

책상의 윗면 가운데 부분에는 진한 초록색 가죽이 박혀있고, 그 가장자리엔 정교한 모양의 금색 장식이 둘러져 있다. 둥근 다리기둥 사이에는 앉는 사람의 다리를 놓을 수 있도록 받침대가 갖춰진 인체공학적 작품이다. 이 책상의 키포인트는 책상 다리를 지탱하는 사자 발 모양으로, 볼수록 든든하고 만질수록 빛이 난다.

한 남성 CEO가 거액의 돈을 제시하며 팔라고 하기도 하였으나 난 그 배를 받아도 팔 생각이 없다. 그 책상 앞에 앉으면 내가 영국 Golden Age 시대의 엘리자베스 1세가 된 기분이 들기 때문이다.

영국에 머무르는 동안 나는 골동품 시장을 자주 애용하게 되었다. 아이들을 위한 동화책도 그곳에서 구입하여 읽어주곤 했다. 그 당시 산 책들은 나중에 한국에 왔을 때 영어학원 유지에 활용되었으며, 그 후에는 아이들이 아끼는 몇 권을 제외하고 수서에 있는 느티나무 도서관에 기부하였다.

IMF 시절 한국으로 돌아가야 하는 것이 아닌가 두려움이 사로잡혀 어려운 시간을 보내던 그때 영국의 중고보세에 해당하는 세컨핸즈숍은 가계에 큰 도움이 되었다. 아이들의 옷과 모자는 대부분 그곳에서 샀다. 아이들의 교복도 학교 Car boots sale에서 얻었다.

나는 물자를 아끼고 기부가 잘 이루어지는 영국의 문화가 무척 마음에 들었다.

red nose day라는 날에는 학생들이 사복을 입고 광대가 쓰는 빨간 코를 끼우고 등교를 한다. 이때 지불한 1.5 파운드는 자선단체에 기부된다.

그 어려운 영국생활을 마친 후 나는 절약 정신이 몸에 배게 되었다. 지금도 설거지를 할 때 물을 계속 틀어놓지 않으며 휘트니스 센터에 가서도 비누칠을 할 때는 수도꼭지를 잠가놓는다.

내 절약 생활이 젊은이의 시각에서는 너무한지 얘기를 듣는 강대리가 씨익 하고 웃는다. 뭐 어떠냐 싶다. 내게 있어서 절약은 이제 생활이 되었다. 절약을 하면 할수록 마음은 반대로 넓어진다. 내 삶이 다할 때까지 쭈~욱 절약해야지.

50대,

그 여인들을 바라보다

사랑이라는 것은
상대의 생명과 성장에 대한
우리의 적극적인 관심이다

꽃에 물을 주는 걸 잊어버리면서
꽃을 사랑한다고 말하는 사람의 말은
아무도 믿지 않는 것처럼

-에리히 프롬-

내겐 또래의 친구도 있지만, 50대 초반의 지인들이 많은 편이다. 학창시절에도 친구들보다는 선배 언니들과 얘기하기를 즐겨했고 그들과 많은 시간을 보냈다. 런던에 머물렀을 때도 마찬가지다. 5-7세 연상의 한국 또는 일본 엄마들과 공부하며 정보를 공유했고, 지금도 비슷하다.

50대 선배 언니들을 마주할 때마다 난 측은지심惻隱之心을 느낀다. 그들의 입장에서 보면 기분이 나쁠 수도 있겠지만, 여하튼 난 그렇다. 그녀들의 모습이 아주 가까운 나의 미래이기에 더욱 그럴 수도 있겠다. 난 자주 생각한다.

'저 언니의 마지막 스킨십은 언제일까?'

'심장을 쿵쿵 울릴 만큼, 가슴 설레는 일은 언제 있었을까?'

'생리가 끊겨 여성호르몬이 줄어들어 가고 있을 텐데, 호르몬 치료는 어떻게 하나?'

'여성성을 회복하기 위해 노력은 하고 있을까?'

매주 수요일, 아름다운 가게에서 마주치는 언니들을 볼 때도 머릿속에 물음표가 끊임없이 찍힌다. 그래서일까? 난 그녀들을 보면 Big Hug로 맞이한다.

"서연 씨 왜 그래?" 여인들이 부끄러워하면서 웃는다.

"이상한 아이인가?" 라는 생각이 들었는지, 눈빛이 살짝 흔들렸다.

하지만 내가 먼저 내민 손과 포옹을 거절하는 이는 없다. 그럼 난, 짓궂게 펑퍼짐한 그 엉덩이를 톡톡 두들긴다. 처음엔 화들짝 놀라던 언니들도 여럿이었다. 시간이 흐르니 내심 기다리기라도 한 것처럼 미리 엉덩이를 쭉 빼기도 한다. 내가 말하고자 하는 것은 바로 그녀들은 '중성'이 아니고 '여성'인지라 사랑받기를 원한다는 것이다.

한번은 분당 여인들이 참여하는 문화유적답사팀에 가입하게 되었다. 처음 가입을 권유받았을 때, 잠시 멈칫했던 것이 사실이다. 멤버의 나이가 50대 후반에서 60대 초반이고, 70세 이상도 있었다. 당시 내 나이는 40대 중반이었기에 흥미를 느끼지 못했다.

'아니, 우리 엄마 세대랑 한 달에 한 번, 국내 문화유적탐사를 다니라고?'

어쩌면 선뜻 참석하지 못한 것이 당연할 수도 있겠다. 결국 몇 번의 권유에 예의상 한 번이라 생각하고 모임에 참석했다. 모임은 생각보다 유익했고, 우려했던 권위의식은 찾아볼 수 없었다.

도리어 다들 나를 예뻐해 주었다. 평소 '밝은 인사'가 전공이라고 말하는 나는, 이 모임에 편하게 자리 잡을 수 있었다.

모임의 멤버 가운데 50대 후반, 유독 큰 키에 목소리까지 큰 언니 한 명이 있었다. 몸매도 적당했고, 지금까지도 아름다운 걸 보면 젊었을 땐 더 예뻤으리라 짐작해 본다. 이 언니가 모임에 참여하자 멤버들이 술렁이기 시작했다. "저 여자 뭐야? 수준 떨어지게."라는 노골적인 발언에서부터 "누가 데리고 온 거야?"라는 등 이른바 텃세가 시작됐다. 나는 몇 달이 지나서야 언니가 소위 '왕따'임을 알게 되었다.

문화해설사 겸 여행작가가 설명을 하는 중에도 언니의 큰 목소리가 마치 반주처럼 흘러나왔고, 뜬금없이 자기 의견을 내니 멤버들이 불편해하는 건 당연한 일이다. 의견도 '남녀의 이야기'가 주된 내용이다. 언니는 내심 남자 작가가 마음에 들었던 모양인지, 자신과 그를 연관 지어서 이야기했다. 친구 사이라면 웃고 넘어갈 내용의 이야기도 이 단체하고는 왠지 어울리지 않는 점을 감안하면, 꼭 현장에 있지 않아도 그 분위기가 느껴질 테다.

한번은 경북 주왕산에서 봉우리의 전설을 듣던 중이었다. 작가가 두레박에 담긴 여인이 하늘로 올라갔다는 이야기를 전하는데, 언니의 목소리가 들렸다.

"내가 그 두레박을 타고 올라가고 싶다."는 언니의 말이 끝나기

무섭게 작가도 짓궂은 말로 응대했다.

“그럼 그 줄을 끊어버리겠죠.”

모임은 온통 웃음바다가 되었고, 언니는 이에 익숙한지 대수롭지 않게 상황을 넘겼다. 이 날 이후로 언니의 별명은 ‘두레박’이 되었다.

다른 멤버들은 나에게 굳이 두레박을 챙기지 않아도 된다고 말했다. 불편함을 느끼고 이 언니가 모임에 나오지 않기를 바라기도 했다. 하지만 무슨 연유인지 난 한 달에 한 번 언니를 마주할 때면, 가슴이 아렸다. 충분한 사랑을 받지 못한 언니가 관심이 고파 보였기에.

나는 멤버 가운데 가장 어렸지만, 언니에게 관심을 준 유일한 멤버다. 귀찮을 정도로 쏟아지는 질문에 최대한 성의 있는 답변을 해주었고, 약간의 호들갑을 더해 칭찬을 해댔다. 한번은 제천 베론 성지에서 작가의 해설에 언니의 그 큰 목소리가 더해지자, 언니의 손을 이끌어 뒤편으로 향했다.

핀잔이나 다른 말은 필요 없었다. 그저 언니를 품에 안아 따뜻함을 공유했고, 정성을 담아 등을 쓸어내렸다. 시간이 흐르면서 언니의 거친 숨은 안정을 찾고, 경직되었던 어깨도 힘이 빠져 온전히 나에게 의지했다. 난 이날 이후에도 두레박 언니를 대할 때면 사명감을 갖고 대한다.

문득, 생각에 잠긴다. 내가 애정결핍의 50대 여인을 구하라는 하늘의 계시를 받은 적이 있던가? 이유를 곰곰이 생각해 봤다. 나는 사회활동을 하기에 40-50대 남성들과의 모임이 가끔 있다. 그들이 하는 이야기 속에 등장하는 '아내'는 자신과 나이가 비슷하거나 연하임에도 불구하고 더 이상 '여성'이 아니다. 50대는 여성도 남성도 아닌 중성이라고 생각한다.

일반적으로 50대 여성은 완경完經을 한지라 여성의 최대 축복이자 권력인 임신이 불가능하다. 젖가슴은 중력의 힘을 그대로 받아 늘어졌고, 기차 화통을 삶아 먹은 것 같은 목소리를 자랑한다. 무슨 놈의 기는 갈수록 억세져만 가는데, 의학적인 표현을 빌리자면 남성 호르몬이 증가하기 때문이란다.

이 여성들은 고등교육을 받았으나, 우리세대처럼 약지 못해서 세월을 정면으로 마주하며 그렇게 살아올 수밖에 없었다. 이들의 남편들은 손 한 번 따뜻하게 잡아주었을까? 완경이 지난 여성의 고단함과 허전함을 채워주기 위해 단 한 번의 섹스라도 존중했는지 의문이 든다.

내가 50대 언니들을 만나면, 그들의 손을 따뜻하게 잡아주는 이유다. 내 특기 중 하나인 Hug도 잊지 않는다. 스킨십이 부족한 언니들을 마주할 때면, 아직은 조금 더 젊은 내가 열심히 만져준다. 다음 달에 그녀들을 만나게 되면, 더 따뜻하게 안아줘야지.

동성 간의 Hug로 어찌 그녀의 가슴에 짜릿함을 줄 수 있으랴. 다만 '초록은 동색'이라고 하지 않던가. 50대를 눈앞에 둔 나라도, 그녀들을 품에 꼭 안아줘야지. 그 허전함과 고단함을 쓸어내려 줘야지. 그들도 나와 같은 여성이지 않은가.

르완다의 소녀 '제인'

우리 모두는

삶의 중요한 순간에

타인이 우리에게 베푸는

사랑으로 인해

건강하게 세상을

살아갈 수 있다

-알버트 슈바이처-

남편이 르완다로 발령을 받아 떠났을 때의 일이다. 몇 개월 후, 아들의 겨울 방학을 맞아 그곳을 방문했다. 자그마치 21시간 동안 비행기를 타고 도착한 케냐 나이로비에서 4시간 동안 transit을 기다렸다. 이후 르완다 항공을 타고 3시간을 비행해 르완다의 수도 키갈리에 도착했다. 평균 기온은 25도를 오가며 해발 1,000m에 아프리카 동쪽 아래에 위치한 르완다는 살고 싶은 곳이었다.

현지에 도착하자 아침 9시에 시계바늘이 향해있었다. 인천공항보다는 작았지만, 김포공항보다는 크고 깨끗했으며 안전에 최선을 다한다는 인상을 받아 안심이 되었다.

우리를 마중 나온 남편은 눈이 유난히 반짝이는 흑인 운전 기사 임마누엘과 함께였다. 힘들었던 장거리 비행을 잊을 만큼, 키갈리는 아름다운 도시였다. 5년의 영국 생활로 전원의 아름다움이 주는 마음의 평화를 익히 알고 있기에 마음이 놓였다. 언덕에는 각자의 정원을 갖춘 작은 성과 같은 집들이 자연과 어우러져 있었고, 그중 남편의 관사도 보였다. 한국에서의 내 일이 없었더

라면, 그곳에서 돌아오지 못할 뻔했다.

키갈리에 도착해서 처음으로 만난 르완다인은 기사 임마누엘이었지만, 그곳에 머무르는 동안 나와 가장 많은 시간을 보낸 사람은 '제인'으로 우리 집의 살림을 도와주는 소녀였다.

제인은 집을 비우는 시간이 많은 남편의 생활방식으로 인해 그동안은 간단한 정리만 하고 퇴근을 했지만, 나로 인해 근무시간이나 일의 내용이 상당히 바뀌었다. 쌀을 씻는 법, 압력솥으로 밥을 짓는 법, 바닥청소 방법, 세탁기 이용법 등을 전달하기 위해 '영어'로 소통했다. 나는 한국어, 일본어, 영어로 의사소통이 가능했고, 제인은 르완다어, 불어, 영어가 가능했기에 서로 완벽하지는 않았지만 말은 통했다.

나름 10여 년 이상 외국생활을 해 온 나는 좀처럼 문화충격을 받는 일이 없었다. 하지만 이곳에서 한 물건을 보고 무척 놀랐다. 바로 냉장고에 자물쇠 구멍이 있는 것이다. 집의 일을 봐주는 사람이 냉장고 음식물에 손을 대지 못하도록 만들어진 것이란다.

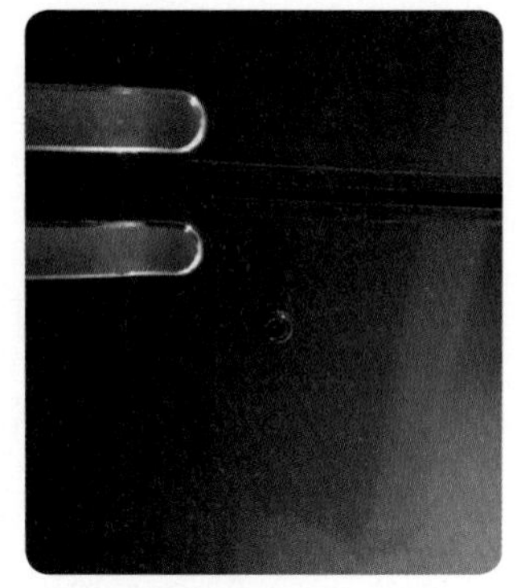
냉장고의 열쇠구멍

나는 가슴이 철렁했다. '로마에 가면 로마법을 따르라.'고 했지만, 자물쇠만은 채우기 꺼려졌다. 대신 제인과 약속을 했다. 이곳에 머무르는 동안은 마음껏 음식을 먹어도 되지만, 동의 없이 집으로 음식을 싸가는 일은 없길 바란다고 말했다. 그 약속은 지켜졌다.

제인과 함께 점심을 먹은 날 중 하루로 기억된다. 서로 완성되지 않은 영어로 얘기를 하던 중, 제인이 소녀가 아닌 네 아이의 엄마라는 정보를 듣게 되었다. 나이는 22살인데, 남편은 도망가고 없단다. 훌쩍이는 제인을 보고 당황한 나는 어쩔 줄 몰라 서둘러 식사를 마쳤다.

저녁에 퇴근한 남편에게 제인의 인생사를 말하자, 비슷한 여인들이 많다는 대답이 돌아온다. 이곳에서는 제대로 교육을 받지 못한 여인들이 14세 전후에 결혼을 한다. 피임방법을 숙지하지 못한 어린 신부는 계속해서 아이를 임신하고 출산하는데, 아이 양육에 대해 부담을 느낀 미성숙한 남편들이 도망을 가는 것이다. 가족을 남겨두고 도망간 남편을 대신해 옥시토신 호르몬 분비가 많은 엄마들은 아이들의 양육과 생계까지 책임지며 여전사가 된다. 하지만, 그들도 예쁜 것을 보면 갖고 싶고, 가족과 행복하게 살고 싶은 여성에 지나지 않으리라.

나는 장을 보러 간 김에 빨간 구두 한 켤레를 사서 제인에게 선물했다. 그러자 그녀는 하얀 치아를 드러내며 어린아이처럼 팔짝팔짝 뛰고 좋아했다. 지금도 그 웃음이 잊히질 않는다.

르완다를 떠나기 전날, 난 제인과 마주 앉았다. 남편과 아들의 밥, 청소를 부탁하고 제인의 두 손을 꼭 잡았다. 기운내서 아이 돌보며 잘 살기를 부탁하고, 남은 달러를 전부 그녀의 손에 쥐여줬다.

“이 돈은 아이들을 위해서가 아니라, 제인 자신만을 위해 써.”

나의 말에 제인의 눈시울이 붉어졌다. 그녀는 고맙다는 말을 연신 전했다.

작별인사를 할 때 제인은 나를 Mum이라고 불렀다. 실제로 제인은 내 딸아이와 동년배라 어색함은 없었다. 이윽고 우리는 긴 시간 Hug를 했다.

'따스한 말을 들어본 적은 있을까? 누군가와 친밀하게 안아본 적은 언제일까?'

나는 그녀가 한 여성으로 사랑받으며 행복하게 지내기를 빌었고, 그녀에게는 내가 엄마와 같은 느낌이었으리라. 이 포옹으로 그녀의 삶이 바뀌지 않을 것이란 건 안다. 하지만 나의 작은 관심이 그녀를 하루만이라도 웃음 지을 수 있게 했으면 좋겠다. 서로의 따스함을 교류하는 순간만이라도 행복하게 해주고 싶었다.

이후 딸아이가 한 학기를 르완다에서 보내게 되었다. 딸아이는 악세사리, 화장품이 없어졌다고 투덜거렸지만, 난 미소가 지어졌다. 제인이 여자이길 포기하지 않았구나. 한국에서 내가 제인에게 해줄 수 있는 것은, 딸에게 심심한 위로를 전하는 일과 제인의 행복을 간절히 바라는 것이었다.

"딸. 그 물건이 꼭 필요했던 사람이 있었나 봐. 우리에게는 흔한 물건이지만 누군가가 행복할 수 있다면, 기분 좋게 잃어주는 것도 괜찮겠지?"

혼행

(페루 여행)

다리 떨리기 전에

가슴 떨리면 떠나자

-이숙영-

나는 겉으로는 나이에 비해 건강해 보이나 실은 그렇지 못한 편이다. 정말이지 온 힘을 다해 하루하루를 살아가고 있다. 50이 넘어 좋은 것도 많지만 체력의 저하를 현저히 느끼기 시작하면서 우울해질 무렵, "가슴 떨릴 때 여행 가세요. 다리 떨리면 못 가니"라는 말이 무척 가슴에 와닿았다.

아이들의 대학 입시도 마쳤고, 남편도 이제 혼자 식사며 옷 챙겨 입는 것을 잘하게 되었으니 걱정 없이 여행을 떠났다.

내 경험에 의하면 그룹 여행의 비율은 2/3가 50이 넘은 여성들이다. 나도 사정이 허락하면 친구들이나 여행 때만 만나는 여행 mate와 떠나지만, 이도 저도 일정이 맞지 않으면 혼자라도 떠난다. 조금이라도 더 건강할 때 여행하고 싶기 때문이다. 나이가 너무 들어 기운이 없으면 여행을 즐기기 어려울 것이라 생각한다.

이렇게 혼자 하는 여행의 약자를 혼행이라고 한다.

일명 혼행의 장점이 몇 가지 있다.

첫째로 온전히 내 스케줄에만 맞춰 떠날 수 있다는 것이다.

아이들 학교, 가족의 식사, 그리고 자금 형편 등 친구나 지인의 개인사는 너무나 다양하기에 일정 맞추기가 어렵다. 하지만 혼행을 할 때는 오직 내 일정만 따져보면 된다. 어디를 여행할지, 무엇을 먹을지도 다 내가 결정할 수 있다.

둘째는 내가 원하는 여행 스타일의 옷, 구두, 액세서리를 편하게 즐길 수 있다는 것이다. 여행할 시 눈치를 보지 않고 화려한 드레스며 모자를 입고 다니면 당연히 눈에 띄기 마련이다. 이에 내 여행 mate가 상대적으로 불편한 마음이 생길 수 있다. 하지만 혼자 하는 여행에서는 그런 것을 신경 쓰지 않아도 된다.

셋째로 정리정돈을 하는 능력이 떨어지는 내가 호텔 방을 마음대로 늘어놓고 쓸 수 있다는 점이며,

그리고 마지막으로 가장 좋은 점은, 여행 내내 말을 덜하여 내실이 채워진다는 것이다.

나는 평소에 말하기를 즐겨 하는 편이 아니다. 말을 많이 하는 것에 익숙지 않다. 혼행에서는 설사 다른 그룹과 동행하게 되어도 혼자이기에 말을 적게 할 수 있고, 일일이 일행에게 맞장구쳐주느라 힘들 필요가 없다. 또 침묵을 택함으로써 나를 돌아보는 시간이 길어진다는 점도 무척 매력적이다.

나는 한국인 특유의, 좋게 말하면 정이고 나쁘게 말하면 오지랖인 그것이 불편하다. 타인에게 지나치게 관심을 갖는 일, 자신

과 조금이라도 다르면 눈빛 쨍 하며 호기심을 넘어 집착에 가까운 정도로 무례한 태도를 보이는 것에 면역이 없다. 혼행 중에도 왜 이 여자가 혼자 왔을까? 하는 시선과 질문을 많이 겪었다.

가끔은 부부로 여행 온 이들이 나와 옆자리에 앉게 되면 어깨를 살짝 건드리며 말을 건넨다. 그런 접촉에 민감한 나는 "만지지 말고 이야기 할 수 있지요?"라고 다른 사람도 들을 만큼 큰 목소리로 말하기도 한다.

이런 작은 불편함에도 불구하고, 몸, 마음 그리고 다른 것들의 컨디션이 평안할 때면 언제라도 '혼자만의 여행을 떠나야지' 하며 여행 가방을 현관 앞에 놓아두고 있다.

Darkest Peru

2017년 12월, 운 좋게도 그토록 가고 싶어서 손가락을 꼽아가며 기다리던 중남미 여행을 하게 되었다. 대한민국에서 지구 바로 정반대에 위치한 나라들을 여행하게 된 것이다.

모 여행사의 모객의 기본이 6명이었는데, 함께할 친구가 마땅치 않았던 나는 7월부터 미리 혼행을 하겠다고 신청하고 기다렸다. 12월이 되어도 동행할 이들이 모이지 않아 조금 걱정이 되기 시작하던 중, 운 좋게도 출발 10일 전 4명으로 이루어진 팀이 합류하여 오붓하게 떠나게 되었다.

a. "야-호-, 열심히 일한 자 떠나라!"

나는 내가 정말 열심히 일했다고 생각했기에 마음껏 자유를 즐기기로 했다. 그래서 내게 있어 가장 먼 곳인 지구 반대편의 나라들을 방문하기로 한 것이다. 중남미 여행은 미국에서 환승하여 브라질로 가는 것이 일반적인데, 이번 경우는 프랑크푸르트를 경유해 브라질로 입국했다. 중년의 여인인지라 조금 욕심을 내어 큰맘 먹고 편히 잘 수 있는 기내 자리를 골랐다. 긴 시간 탑승을 하고 보니 잘한 선택이었다.

중남미의 여러 나라를 여행했지만 그중에서 Darkest Peru에 대해 간략히 적어보려 한다.

2015년 영국에서 만든 '패딩턴Paddington'이라는 영화가 있다. 페루출신 곰의 런던 생존기인데, 탐험가 일가와 함께하는 어드벤처를 따뜻한 시선으로 그린 영화이다. 그 영화에서 중요한 연결고리가 바로 곰이 만드는 마아말레이드다.

이 영화를 계기로 나는 마아말레이드에 다시 푹 빠지게 되었다. 지금도 영국 친구가 귀국할 때면 꼬옥 2개의 마아말레이드를 선물로 가져온다. 한번은 친구의 남편이 마아말레이드 갖고 오느

라 over charge했다며 농담을 할 정도로 Vitamin C가 풍부한 이 음식을 즐기고 있다.

꼭 페루를 가보고자 하는 마음을 먹게 된 동기도 영화 속에 나오는 패딩턴 동상이 리마 해변 공원에 세워져 있기 때문이었다. 영화의 부제가 Darkest Peru인 것도 호기심을 자극했다. 지금도 일주일에 한 번 정도는 이 따뜻한 영화를 즐겨 감상하고 있다.

영화가 여행에 자극을 주는 경우는 적지 않다. 로마의 휴일을 보고 나서는 이태리 여행을 하고 싶었다. 한국도 K-culture의 홍보 일환으로 예쁘고 아름다운 곳을 배경 삼아 재미있는 영화를 만들면 더 많은 관광객을 유치할 수 있지 않을까?

중남미 여행의 멤버는 여자 세 명, 남자 한 명으로 이루어져 있었다. 가장 연배가 낮은 여성과 남성은 부부였고 서로가 아직도 아끼는 정이 묻어나는 관계임을 느낄 수 있을 정도로 예쁜 커플이었다.

남편분은 우리의 그 많은 트렁크를 나르는 데 묵묵히 역할을 다하셨다. 아내는 독특한 억양을 가진, 북한 노래도 곧잘 하고 애교도 많으며 화려한 의상도 소화하는 귀여운 사람이었다. 궁금한 것이 계속 생겨 질문을 하는 나를 조금 부담스러워 하는 것 같아 주의를 했으나, 참는 데 한계가 있었다. 그녀는 계속 불편해하더니 3일째는 포기를 했는지 더 적극적으로 내게 다가와 주었다. 나도 그 마음에 고마워하며 더 조심스럽게 이 소중한 여행을 즐기기로 했다.

이 그룹은 동대문에서 의류업을 하는 멋쟁이들로 내가 가지고 있지 않은 사교성과 발랄함은 물론, 플러스로 좋은 물품도 양껏 지참하고 있었다. 허리가 아플 때는 어떻게, 어느 병원에 가야 하는지 등 아는 것이 많은 만물박사들이었다. 보름 내내 나와 함께하며 내 내성적인 성격을 조금 바꾸어 보려는 시도를 했으나, 역시 내 성향이 아니라 힘이 들었다. 그래도 그들의 노력에 감사한다.

그들 중 선배뻘 되는 한 분이 잡지에 나오는 세련된 중년 모델 스타일이었는데, 굽이 7cm정도는 되는 부츠를 신고 마추픽추를

등반하여 내심 깜짝 놀랐다.

그 여인의 언니도 동행하였는데 어쩐지 얼굴이 동생에 비해 밝지 않고 피부 톤도 어두웠다. 알고 보니 혼자가 되어 아들 둘을 키우고 있다고 한다. 가끔 "그래도 잘 지내고 있다."며 카톡으로 가족사진을 보여주기도 했다. 하느님, 이 여인에게 따뜻한 온기를 주는 사람을 허락하소서.

b. 지수일 가이드

여행에 있어 가이드의 역할은 매우 중요하다. 그들은 밤에 항해하는 배들을 무사히 이끌어줄 수 있는 등대와도 같다.

내가 만난 수많은 가이드 중 가장 최고인 분이 바로 페루 여행 시 만난 지수일 선생님이다.

내 남편처럼 까만 피부에 작은 눈을 갖고 있어 처음 만났을 때는 큭 하고 웃음이 나기도 했다.

한국인으로서 리마에서 비교적 평안한 생활을 하고 있는 그는 처음부터 마지막 순간까지 제대로 공부하고 경험한 티가 났다. 안내의 수준이 교수의 경지까지 올라있었다.

고마웠다. 자신의 일을 철저하게 잘하고 계신 분이라 존경스럽기까지 했다.

그는 마추픽추의 산성에 있는 해시계 등 눈에 보이는 건물은 물론, 언뜻 지나칠 수 있는 부분까지 재미있고 상세하게 설명해 주었다. 또 고산증세를 극복할 수 있는 법과 복용해야 할 약에 대한 정보도 알려주며 가족과도 같이 멤버를 돌봐주었다.

마침 자신이 안내한 정치인 중 가장 친절한 정치인이 임태희 전 실장님이라고 한다. 기분 좋은 이야기라 후에 당사자에게 전하기도 했다.

이 밖에도 그는 베테랑 인솔자의 연륜이 묻어나는 운영감각과 아이디어를 갖추고 있었다. 원활한 여정 중 민속의상인 판초를 구입하여 입어보는 것은 어떻겠냐는 제안을 해서 모두 찬성을 했다. 나는 오렌지색의 판초를, 다른 일행들은 초록색, 흰색을 구입해 마치 원주민처럼 입고 즐겼다. 사진 공부마저 하셨는지 찰칵찰칵 눌러대면 전부 작품처럼 나와 행복했다.

c. 마추픽추

여행을 하면 어디를 가든 경이롭기 마련이지만, 내 경험에 의하면 마추픽추는 '경이로움의 완성'이다. 그곳이 안고 있는 상서로운 기운은 말로 표현할 수 없다. 입을 다물지 못할 정도로 압도당했다.

잉카 문명과 스페인 문명의 충돌에도 불구하고 해발 약 2400m의 높이에 거대한 제국을 건설한 잉카 선조들의 의지와 지혜는 어떤 말로도 설명할 수 없다. 누가 선진국이고 누가 후진국이며 그 기준은 무엇인가? 무력으로 금을 차지하기 위해 많은 학살을 행한 것은 어떻게 속죄하고 있는가? 그 상처 입은 영혼들은 어떻게 치유되고 있나? 개인적으로 '과거를 잊은 민족에게 미래는 없다'라는 말은 피해를 당한 국가만이 아니라 가해를 저지른 국가에게도 해당되는 이야기라 생각한다. 역사에 대한 반성이 없다면 성장할 수 없다. 외부의 비난이든 내면의 죄책감이든 죄의 흔적은 발을 끌며 다가온다. 최근 일본의 안하무인의 태도를 보면 그

들의 미래도 걱정된다. 언제까지 눈을 가리고 자신들의 죄를 모른 체할 것인가?

다행히 우리나라는 시련을 극복하고 현재 어엿한 하나의 국가로 잘 살고 있지만, 페루는 여전히 원주민에 대한 엄격한 차별로 생활이 어렵다고 한다. 원주민 아기에게 작은 먹을 것을 건네면서도 내가 해줄 수 있는 게 이것뿐임이 안타까웠다. 그들에게도 밝은 미래가 다가오길 기도한다.

고산증세로 어지럽고 귀도 멍하고 토할 것 같아 겨우 몸을 가누었지만 더 늙기 전에, 다리 떨리기 전에 설레는 마음을 안고 이곳에 오게 됨에 감사했다.

개별적으로 구입한 오렌지색 판초를 입고 마추픽추의 생활터

전을 배경으로 사진을 찍는 photo zone이 있었는데, 짙은 안개로 가려져 있어 30분 정도 기다려야만 했다. 다행히도 구름이 비켜주어 마치 전설의 잉카인처럼 멋지게 사진을 찍을 수 있었다.

솔직히 고백하면 나는 머리를 잘 만지지 못해 헤어밴드를 하는 것이 일상이다. 그곳의 원주민이 한 땀 한 땀 수놓은 고급스럽고 화려한 헤어밴드를 여러 개 구입하여 매우 행복하다. 귀국 후 여성 지인들과 나누며 "한 땀 한 땀"에 웃기도 했다.

속눈썹이 유난히 예쁜, 나랑 사진 찍으려면 긴장해야 할 거라고 말을 하는 듯한 도도한 라마도 무척 사랑스러웠다.

다음에는 딸아이와 함께 다른 Peru를 느끼고 싶다는 생각으로 보지 못한 나머지 페루는 남겨두고 한국으로 향했다.

부족한 이 글을 쓰며 그때를 되돌아보는 것만으로도 지금 이 순간이 설레이고 기분이 좋아지는 것을 보니 곧 다시 트렁크 싸고 출발해야겠다.

알라스카

여행기

진정한 여행의 발견은

새로운 풍경을 보는 것이 아니라

새로운 눈을 갖는 것이다

-마르셀 프루스트-

아들아이가 모스크바 대학의 경제경영학부를 진학하게 됨이 확실시 된 후, 입학 기념으로 여름에 Alaska에 함께 가지 않겠냐는 제의를 하였더니 단연코 'No'라고 한다. 이제 엄마랑 가면 재미가 없다는 것이다.

초등학교 6학년 때 상해에서는 아빠의 긴 외유로 인해 나와 둘이 있는 날이 많았고, 중학교 3학년 때 미국에 갔을 때도 아직 어렸으므로 함께했지만, 이제는 엄마랑 가는 것보다 친구들이랑 가는 것이 더 좋을 것 같단다.

일찍이 아이들과 심리적 분리가 되어있는 나이기에 그리 상처받지는 않았다. 아이도 다 컸으니 자신만의 여행을 하고 싶은 심정도 충분히 이해했다. 하지만 내심 알라스카가 눈에 어른거리고 밟혔다. 결국 큰마음을 먹고 "그래 그럼 엄마 혼자라도 다녀오마!" 하고 홀로 알라스카 여행을 떠나게 되었다. 예전부터 꼭 한 번쯤 여름에 알라스카를 탐색하는 기쁨을 누리고 싶었던 까닭이다.

두근거리는 마음을 안고 일 년 중 여름이면 2차례만 전세기를 띄운다는 알라스카 앵커리지 공항에 도착했다.

지금이야 미국을 여행하기 위해 각지에 많은 공항이 있어 입출국이 쉬워졌지만, 어린 시절 세계지리를 공부할 때는 앵커리지 공항에서 transit을 하느라 많은 시간을 기다렸다는 이야기를 들은 기억이 난다.

워낙 인천 공항이 크고 아름답고 깨끗하며 체계적인 데다 품격까지 갖추고 있기에 웬만한 공항은 눈에 들어오지도 않았던 나이지만, 이번 여행에는 훌륭한 멤버들과 함께하게 되어 잔뜩 신이 나 모든 것이 신선하게 보였다. 나의 친구는 아니었지만 다들 인상이 좋았다. 남편이 전직 장관인 한 부부는 근엄했고, 대기업 사장부부는 다정함이 느껴졌다. 그러면서도 남편이 나설 수 있도록 아내가 양보하는 수줍음이 있었다.

드디어 알라스카에 도착했다.

찬 바람이 나를 스쳐 지나가며 투명하고 시린 다이아몬드가 뺨에 알알이 맺혔다 순식간에 사라지는 듯한 착각에 휩싸였다.

거대한 자연에 압도당하고 있다.

화려하고 세련되지는 않았으나 있는 그대로의 자연을 보존하고자 한 미국의 의지가 느껴지는, 거대하고 광활한 풍경….

이 엄청난 대지와 그 속에 감춰진 자원을 알아본 그 선견지명에 운이 좋은 사람은 넘어져도 돈 밭에 코를 박는다는 말이 떠올랐다.

떨리는 마음을 안고 한 발을 내딛었다. 만반의 준비를 갖추기 위해 챙긴 '샤프카'를 머리에 썼다.

러시아 생활을 할 당시 가지게 된 유물 중 하나가 바로 이 러시아 전통 모자인 샤프카이다. 러시아인들이 5개월간의 긴 겨울을 지내는 동안 사용하는 필수품이 셋 있는데, 그게 바로 샤프카, 밍크코트 그리고 보드카다. 언뜻 투박하면서도 묘하게 고아한 매력이 있는 이 모자는 내가 한국의 겨울 중에도 즐겨 활용하는 아이템이다. 이번 여행에도 너구리 색과 진한 핑크색으로 두 개 챙겨서 갖고 가니 멤버들의 시선이 모인다.

강화도에서 온 한 여인이 자신도 한번 써보고 싶다고 눈을 초롱초롱 빛내기에 흔쾌히 빌려주었다. 여행 필수품 중의 하나인 러시아제 붉은 망원경도 건네주었더니 고맙다며 맥주 한 캔을 서비스해 준다. 자신이 지은 마당이 넓은 집 사진도 보여주며 언제 한번 놀러 오라고 하기에 그러마 했으나 내 삶이 즐겁기에 그곳까지 갈 여유가 생길지는 모르겠다.

·

본격적인 여행을 시작하고 우리 일행은 조밀조밀 개미처럼 줄

지어 광활한 알라스카를 따라갔다. 한 개울에서 곰이 잡아먹고 지나간 연어의 뼈와 내장의 흔적을 보기도 했다. 근처 어딘가에 흑곰 한 마리가 숨어있는 거 아닌가 해서 등줄기에 짜릿한 스릴이 스쳐 지나갔다. 교과서 배울 때 나온 곰 이야기가 생각나며 '그 곰이 나타나면 나무 위로 올라가야 하나? 어떻게 올라가지?' 하는 엉뚱한 생각도 들었다. 호텔의 정원에는 창밖에서 로비를 들여다보는 커다란 회색 곰 조각이 있었는데, 낮에 보니 귀여웠지만 밤에 보면 식겁할 것 같아 킥킥 웃었다.

커다란 곰 동물 농장을 방문했을 때는 그 스케일에 놀라 입이 벌어졌다. 일반적인 동물원에서 보던 철망으로 된 좁은 공간이 아니라 상암동 운동장만 한 어마어마하게 넓은 곳에 곰 몇 마리가 어슬렁어슬렁 걸어 다니며 한가롭게 노닐고 있었다. 엄마 곰과 아기 곰이 서로 뒤엉켜 노는 따뜻한 모습이 무척 귀여웠다.

경비행기를 통해 출퇴근하는 사육사들도 있다는 가이드의 말에 '근무환경 한번 좋~다!' 하는 생각도 했다. 좁은 공간에 갇혀서 평생을 지내는 일반 동물원의 동물들에게 안타까운 마음이 들기도 했다. 그곳에 비하면 여기는 천국이었다. 비록 완전히 자유롭게 지내지는 못하지만, 이쯤은 되어야 동물을 인도적으로 사육할 수 있는 것이 아닐까. 다양한 동물을 보며 배우고 즐기려는 인간의 의도는 어디까지가 욕심인 걸까?

알라스카의 아름다운 자연을 마주하자 많은 생각을 뒤로하게 된다. 알라스카의 계곡은 화산재의 영향으로 물색이 짙은 회색에 가까우나, 그 영양분으로 인해 오히려 꽃이나 채소들의 발육이 좋아 크기가 한국의 것보다 2, 3배는 크고 색도 선명하고 아름답다. 문득 이탈리아의 물도 석회질이 많아 식용으로 음용하기 어렵지만 염색을 할 때는 그 성분으로 인해 탁월한 색이 나온다는 이야기가 기억났다. 하나를 잃으면 하나를 주니 자연은 정말 미묘한 존재이다.

여행의 정점은 유람선 탑승과 열차 횡단, 그리고 헬기 탑승이었다.

거대한 유람선에 올라 차가운 빙하로 만든 칵테일을 한잔하며 지역의 역사 등을 안내로 듣는 것은 최상의 유희라 할 만했다. 멤버들과 이야기하는 시간 내내 저 멀리 물범들이 섬세하게 헤엄치며 이동하고 있었고, 유빙은 느릿하게 움직이며 인간을 조망하고 있었다. 망원경의 도움을 받아 자세히 관찰할 수 있었던 흐르는 빙하 속, 은은한 에메랄드빛은 세상의 어떤 화가와 물감을 사용해도 만들어내기 어려울 정도로 맑고 투명하며 신묘한 색채를 띠고 있었다.

열차 횡단 역시 신나는 일이었다. 노란색과 짙은 청색을 입혀 세련된 디자인을 한 열차의 내부엔 곳곳에 고급스러운 나무 장식이 있어 자연과 문명의 조화를 상징적으로 보여주고 있었다.

긴 시간 동안 차창 밖의 풍경을 즐겼다. 덜컹거리는 열차의 소음 속에서 마치 내가 자궁 안에 있는 어린 아이 같다는 안온한 기분을 느꼈다. 회색의 계곡물을 바라보고 옥빛의 호수를 건너며 수다를 떠는 와중, 호주에서 온 한 여학생이 이 기차를 타고 싶어서 2년 동안 아르바이트로 돈을 모아 왔다고 한다. 젊은 학생의 도전 정신과 인내심이 대단하다며 맘껏 칭찬해 주고 경의를 표했다. 내

아이들도 이 학생처럼 자기가 경험해 보고 싶은 일은 온몸을 던져 겪어보는 즐거움을 경험하기를 소망해 보기도 했다.

심장이 떨어지지 않을까 걱정할 정도로 고대하던 헬기에 올랐을 때는 운 좋게 조종사 옆자리에 앉을 수 있었다. 속으로 '역시 여행운이 있구나!' 하며 쾌재를 불렀다. 곧이어 부드러운 운행과 함께 조종사의 설명을 들으며 관람을 시작했다.

내 눈 아래의 광활한 알라스카의 빙하는 넋을 잃을 정도로 아름다웠다. 신이 푸른색과 흰색 물감으로 무심한 듯 사악 붓질을 한 빙하는 고고하게 물 위에 떠 고요한 명상을 하고 있었다. 50분간 눈이 시리도록 감상하니 요즘말로 '안구 정화'가 무엇인지 알 것 같았다.

알라스카는 연어의 고장이기도 해서 눈앞에서 펄떡거리는 연어도 생생하게 볼 수 있었는데, 힘차게 강물을 거슬러 올라가는 모습을 보니 내가 고생했던 일도 주마등처럼 스쳐 지나가 속으로 빅토리를 외쳤다. 인간만 열심히 노력하며 사는 게 아니었다. 자연 하나하나가 이렇게 자신의 존재를 강렬하게 나타내며 몸부림치고 있었다.

연어를 인공으로 부화시키는 곳도 견학할 수 있었고, 연어 회를 좋아하는 나로서 신선한 연어를 만끽하는 데는 조금 아쉬움이 있었지만 고급스럽게 버터로 구워낸 킹크랩을 즐길 수 있었다.

약식으로 시베리안 허스키가 모는 썰매 체험도 해보았다. 쉉 하니 달려나가는 허스키들을 맨 줄을 단단히 붙잡아야 했던 체험 자체도 즐거웠지만, 엄마에게 버림받은 아기 시베리안 허스키를 10분 정도 안아주며 등을 쓰다듬었을 때의 감촉은 지금도 생생히 느껴진다. 살아있는 생명이 온전히 내 품 안에 머물며 숨을 쉬고 온기를 나눠주는 경험은 내 아이를 안은 것과 같은 잊지 못할 감동으로 다가왔다.

멤버 중에 한 선배님은 자식이 회갑 기념으로 보내줘 여기 왔다고 하며 내가 본 여인의 손 중 가장 거칠고 두껍고 가죽 같은 손을 내밀었다. 손이 이러니 얼굴은 어떠랴마는 웃는 미소가 무척이나 해맑았다. 여러 번 나를 찾아와 이것저것 묻기도 하며 사고 싶은 게 있으니 도와달라고 하셨는데 러시아 모자를 쓴 채 사진을 찍고 싶다고 하셔서 그럼요 하고 도와드린 흐뭇한 기억이 난다.

아쉽게도 오로라의 계절이 아니라 그 유명한 오로라의 황홀함은 느끼지는 못했지만, 알라스카에서의 여행 순간순간이 촌사람 출세해서 서울로 구경 간 기분에 견주고도 남을 만한 경험이었다.

가이드의 말에 의하면 일본의 화족 자녀들이 결혼을 하면 신혼여행으로 이곳에 오기도 한단다. 오로라를 보고 임신하면 아이가 장관 등 국가 주요 요직에 오른다는 전설이 있어서다. 나중에 내 손주 손녀가 태어날 때쯤이 되면 여기로 와보라고 할까?

여행 중 아내와 함께 온 남성이 내 어깨를 살짝 건드리며 말을 걸어오기도 했다. 그 자리에서 바로 "내게 궁금한 점이 있으면 어깨를 건드리지 말고 그냥 물어보실 수 있어요?" 하며 그의 아내가 들을 수 있도록 이야기하자 다시는 내게 말을 걸지 않았다.

여행은 너무나 즐거웠지만 나와 같은 여행객 때문에 알라스카의 환경을 파괴하는 것은 아닐까 미안한 생각이 들기도 했다. 그래도 여행 곳곳에서 미국이 최대한 알라스카의 자연을 보존하려는 의지가 느껴졌기에 당장 큰 걱정은 안 해도 될 것 같다. '경이로운 자연 앞에 인간은 정말 보잘 것 없구나, 그런데 또 인간이 아니면 이 자연을 또 누가 감탄해 줄까.' 하는 아이러니한 생각도 들었다. 자연과 인간은 언제까지나 공생하는 관계인가 보다. 그 균

형이 깨지지 않기를 오래오래 바란다. 나도, 내 후손도, 내 후손의 후손도 이 감동을 느껴볼 수 있도록.

여행에 있어 기념품을 고르는 일은 큰 즐거움 중의 하나다. 나는 여행지의 Mug를 사는 것이 취미인데, 귀국해서 그 Mug를 사용할 때마다 여행지의 추억이 새록새록 느껴지기 때문이다. 이곳에서는 회색 곰이 그려진 커다란 Mug를 샀고, 아이들을 위한 진빨강의 T-shirts와 강사들에게 줄 순록이 그려진 연두색 Eco Bag을 사기도 했다.

여행 중 돌아다니던 관광지 말고도 특별히 기억에 남는 곳은 숙소였다. 산속에 위치한 호텔은 검은 목재로 지어져 있었고 내

방은 꼭대기에 있었다. 마치 하늘채Pent house처럼 창문을 열면 흰 구름이 만져졌다. 검은 색의 목재와 흰 구름은 극명한 대비를 이루었다. 진초록 자연은 합창을 하며 조화의 노래를 불렀다. 당분간은 그 아름다움이 잊히지 않을 듯하다….

커피는

권력이다

세상을 악의 구렁텅이에
빠트리는 사람들은
소수의 악한 사람들이 아니라
악을 허용하는 다수의 사람들이다

-아인슈타인-

중소기업 대표님들이 제일 선호하는 브랜드가 "GAP"이라고 한다. 당신이 언제나 을의 입장에 서서 일을 처리하기 때문에 옷만이라도 "갑"으로 보이고 싶기 때문이다. 집에서도 회사에서도 언제나 을인 나 역시 적극 공감하는 농담으로, 최근엔 직원들과의 계약서에 갑, 을 대신 A, B라고 적어서 단어에서 오는 불편함을 해소하고자 하기도 했다. 오늘 이야기할 내용은 그것도 권력이라고 '갑질'을 일삼던 한 사회복지사에 대한 일이다.

나는 얼마 전부터 정부의 장애인 복지 일자리 창출의 일환으로 생긴 분당의 한 생태학습원에서 근로를 시작하게 되었다. 그곳은 장애인 아이들이 와서 교육을 받기도 하고 일을 해주기도 하는 공공시설이다.

남편과 아이들의 직업이나 혼사에 내 영향력이 미치지 않게 된 즈음에 이르러서, 가족의 인생 여정에 영향을 미치지 않을 상황이 오면 나를, 나의 생각을 더 드러낼 일을 하고 싶었다. 그 계획에 앞서 현장경험을 하고자 했다. 남들은 알아차리지 못하지만 시각 장애가 있기도 했기에 요건에도 맞았다.

그곳에는 몸이 많이 불편한 분도, 세상에 대한 불만으로 가득 찬 분도 있었다.

내 영혼을 파괴할 정도로 지독했던 시어머니보다 더 방울뱀 같은 눈으로 사람을 내리 깔아 보며 일거수일투족을 주시하던 사회복지사도 있었다.

나는 타인을 왕따시킨 경험도 없고 남을 못살게 하는 성향도 없는 편이라 생각한다. 관계가 힘이 들면 그냥 내가 포기하고 물러나 더 재미있는 일과 나에게 맞는 친우를 찾는다.

사사로운 복수에 나의 시간을 할애하고 싶지 않다. 타인에게 대놓고 복수할 성정도 아니고, 나를 발전시켜 스스로 자부심 있는 사람이 되는 것이 더 좋다. 되려 나를 못살게 하거나 괴롭히는 사람이 저절로 불편한 상황에 처하기도 하지만 내가 손을 대진 않는다. 하지만 이번 일은 달랐다.

그녀와 있었던 일이 옳고 그른지의 판단은 시간이 흘러가면 알게 되겠지만, 곱씹어 볼수록 이것은 꼭 밝혀야 하는 일이라는 생각에 이 글을 적는다.

처음에는 평범한 아줌마 차림으로 생태 학습원을 방문해 청소도 하고 창문도 닦으면서 잠시 휴식을 즐기기도 하며 지내었다. 그러다가 여성화장실을 보고 깜짝 놀라고 말았다. 그곳을 이용하는 사람이 주로 장애인이어서 그런지, 생리혈 등이 관리가 안 되어 지저분하게 흩어져 있었던 것이다. 나는 그곳을 담당했던 공익을 대신해 직접 장화를 신고 호수로 물을 뿌려가며 청소를 했다.

아들아이가 군생활을 하고 있는데 이렇게 더러운 여자 화장실을 청소하면 얼마나 기분이 나쁠까 하는 마음도 있었고, 물청소를 할 때 기분이 좋아지는 기쁨을 알기 때문에 열심히 했는데, 잘생긴 공익이 그렇게 알아서 청소를 하면 안 된다고 조언을 한다.

왜일까? 사정을 알 수는 없었으나 여자 화장실을 자발적으로 청소한 것은 잘한 선택이라는 것엔 마음의 변화가 없다. 매일 방문하는 것도 아니고 일주일에 3일, 그것도 오후 시간에만 일을 하기에 이 정도를 하는 것이 문제가 될 리는 없었다.

나중에 알게 된 사실이지만 여기서는 직접 눈앞에서 일을 보는 사람이 있어야 한다고 한다. 이해가 가지 않는 문화인데, 보면 볼수록 이곳만의 독특한 풍습이 더 있었다. 그중 하나가 인사를 거의 하지 않는 것이다. 내가 먼저 하지 않는 이상 나서서 인사를 건네주는 이가 없다. 그나마 원장만이 간혹 화장실을 가거나 산책을 할 때 만나면 기운이 없어 보이는 하얀 얼굴로 차분히 인사를 건네곤 하였다.

하루는 공익에게 인사 좀 하고 지내자 하니,

"어차피 여기는 지나치는 사이라 인사할 필요 없어요." 한다.

아 그렇구나. 씁쓸한 느낌을 받았다.

평상시 내 인생이 즐거워 타인에게 집착하는 일이 없는 나인데 새로운 관심거리가 생기게 되었다. 그 공익이 이렇게 되기까지 여기의 문화는 어떠했을까를 생각하게 된 것이다.

바리스타 역할도 하고 있는 여자 사회복지사는, 머리에 분홍 구르프를 말고 츄파춥스를 빨고 다니며 쥐 잡듯이 공익을 찍찍 불러대곤 하였다. 이 사회복지사는 그 많은 회장님과 지위 높은 분에게서도 느끼지 못한 무소불위, 안하무인의 태도로 시설을 활보하고 다녔다. 나중엔 '혹시 목사, 장로의 딸이라 말투가 거센 편인 것인가' 하는 생각마저 들었다.

처음엔 약 3개월 정도만 일을 해서 어느 정도 장애인 일자리의 현실 파악을 하고 마칠 것이라 계획하였으나, 여러 가지 차별에 점점 부아가 나 더 머물러야 하는 것이 아닌가 하는 마음이 들었다. 한편으로는 숨 쉴 틈 없게 바쁜 나의 일상을 잠시 내려놓고 의무적으로 틀어박혀 몸만 써도 되는 이곳을 떠나기가 아쉽기도 했다. 초록의 자연 속에 놓인 곳이 아닌가. 그야말로 명당이라 일컫는 배산임수의 자리이다.

"그래, 대접을 받으러 온 게 아니잖아."라 생각하고 내 할 일을 조율하며 지내고 있는데, 하루는 사다리를 타자며 그 사회복지사가 나를 부른다. 간식 값 지불을 그런 식으로 하는 모양이었다. 아주 가끔은 커피를 대접받기도 하여 내가 '한번 사야지' 하는 마음으로 일부러 걸리는 번호를 택해 2만 원을 지불하기도 했다.

이곳의 또 다른 특이한 문화 하나. 바로 커피가 넘쳐남에도 불구하고, 장애인에게는 아침에 타놓은 보온병 커피 외에는 마시지 못하게 한다. 외부인이 들며 나며 마시고 있으니 폐가 된다며, 돈을 내고 사 먹거나 외부인이 마시고 남으면 마시라는 것이다. 수급의 중심이 외부인에게 맞추어져 있었다.

이 얘기는 잠시 미뤄두고 다시 본론으로 돌아오자면, 그 사회복지사는 '땍땍거린다'라는 표현이 딱 알맞은 그런 여자였다. 공익을 쥐 잡듯이 잡으며 험악하게 횡포를 부리는 모습에 마음이 아프다 못해 무너지기도 했다. 88년생으로 나보다 24살이 어린데도 나를 대하는 태도 또한 무례했다. 소통의 7%는 언어, 비언어적 요소가 93%라는데 그 아이는 말만 '뭐뭐하세요'라고 했지 하대하는 것과 다를 바가 없었다. 공익을 마치 종 부리듯 하는 모습에는 '모든 공익들이 이런 대우를 받을까?' 할 정도로 맘이 좋지 않았다. 마치 개 목줄에 공익을 묶어 이리저리 끌고 다니는 모습에 공익들을 위한 가이드라인이 있기는 한지 의문이었다.

나에게도 그렇게 할 것임에 틀림이 없다는 판단이 들었고, 그 사회복지사를 내 사수로 삼고 싶지 않았다. 나는 처음 내게 약간의 교육을 해준 남자 팀장과만 접촉을 하기로 하고 일했는데, 어느 날 그 사회복지사가 나를 부른다.

기본적으로 5시간 정도 길게 근무하고 있기에 배도 고파서 녹록한 시간은 아니었다. 나는 평상시 그 사회복지사에게 가지고 있었던 싫은 감정에 "왜"라고 응대하였다.

여자 화장실 청소를 하라고 한다.

"싫어."라고 하자 당황한 듯 쳐다본다.

나는 평상시 여자화장실 청소는 자발적으로 하고 있었으며, 더러울 때는 서둘러 청소를 했다. 하지만 이 사회복지사의 지시에는 따르고 싶지 않았다.

이 거부 사건 이후 즉시 남자 팀장이 이야기 좀 하자고 나를 불렀다.

약 1시간 30분간 자신이 사회복지사로 어렵게 트레이닝을 받은 이야기며, 어제 일에 대해 주저리주저리 이야기해댄다. 그 여자 사회복지사에게 들은 이야기를 여과 없이 나에게 전하는 남자는 실로 아이에게 조종당하는 인형 같았다.

4월의 어느 날, 나는 그 아이가 잘생긴 공익의 목에 자신의 팔을 두르고 마치 목조르기를 하듯이 10초 이상 질질 끌고 가는 모습을 목격했다.

온몸이 부들부들 떨려 그 자리에서 카메라로 찍을까 하는 생각이 들었다.

'아니다. 난 현장고발을 하러 온 것이 아니라 현장체험을 하여 장애인들이 이런 대우를 받지 않게 해야겠다는 각오로 온 것이다.' 하며 가까스레 손에 들었던 폰을 내려놓았다.

이 목격 사건을 그 이상 이야기하려는 의도는 없었으나, 화장실 청소 거부사건 다음 날 나를 불러낸 남자 팀장이 이곳은 무슨 이야기를 해도 좋은 공적인 장소라고 호언을 하길래 내가 본 광경을 그대로 말하였다. 그러면서 "공사 구분은 정확하게 해야 하지 않느냐"고 되받았다. 남자 팀장은 "여기는 그냥 시간 때우고 가는 곳에 가깝다."는 말을 했고, 나는 더 이상 말을 섞기 싫어서 청소해야 한다며 자리를 뜨려 했다. 그는 끝까지 "언제 해도 상관없는 일 아니냐"고 떠나가는 내 뒤에 대고 말했다.

결국 그 남자 팀장이 나의 일을 원장에게 보고하였고, 일이 커지자 원장은 나와 공익, 그 여자 사회복지사와 남자 팀장까지 불러 녹음을 한다며 난리가 나게 되었다. 원장이 내게 소리를 치기도 했다.

결론이 어떻게 되었는지 말하면?

공익과 사회복지사와 원장은 입을 맞춘 듯 아귀가 딱딱 맞았다.

제대한 공익에게 전화를 걸어 증명을 하겠다고 하는데, 처음 전화를 걸어서 확인하는 자리라고는 믿을 수 없을 정도로 기계적인 대답이 흘러나왔다. 미리 준비한 대답이라고밖에 설명할 수 없는 말투이자 내용이었다.

백 번 양보하여 둘이 친밀함의 표현으로 목을 거는 일을 내가 오해해서 불편하게 볼 수도 있었다 쳐도, 손에 목이 걸린 그 공익의 얼굴은 지금도 기억하고 그 장면을 목격한 것은 사실이었다. 허나 그들은 CCTV를 돌려봤지만 그런 일은 포착되지 않았다고 했다.

다시 이 문제에 대해 거론하지 않기로 약속하고 그 자리를 파했다.

남자 팀장은 나에게 선한 영향력이 내가 믿는 핵심 가치라 하니, 이곳을 그만둘 것을 요구했다. 나는 뚜렷하게 'No.'라고 하고 12월까지 온전히 마치겠다고 말했다.

이곳의 문제점은 그 밖에도 많다. 우선 쉴 곳도 없고 사물함도 없다. 사물함을 요청하자 달랑 1곳을 3명이서 쓰라고 준다. key에도 아무런 표시가 없어 내가 직접 key holder를 달았다.

찜통더위 속에 온실 안 작업을 하는데 무더위에 시원한 물이라도 마시며 하라는 인간적인 조언도 한마디도 없다. 나는 이 폭염 속 작업으로 인해 병원에서 링거를 4시간이나 맞기도 했다.

외부의 장애인들과 그들의 보호자들에게는 교언영색을 보이나, 그 외, 특히 일을 하고 있는 장애인에 대해서는 인간이 아니무니다의 표현이 가장 적절하다고 할 것이다.

나와 각을 지게 된 그 여자 사회복지사는 이후 나를 제외한 다른 사람에게만 친절하게 대하는 척을 하며, 새로 온 공익에게 커피 타는 법을 가르치기도 하고, 냉커피를 건네기도 하면서 내가 당한 일이 거짓이라는 증명을 하듯 아직은 위선을 보이고 있다.

커피가 여기서는 권력이다.

커피가 넘쳐나는데도 장애인에게 생색내는 풍토가 맘에 안 들었던 나는 원두 값을 낼 테니 눈치 보지 않고 편히 마시면 좋겠다고 하였다. 시청에서 직무지도원이 나온 날 "여러분 커피 마음껏 드세요."라고 선심 쓰듯 남자 팀장이 이야기를 한다. 나는 내가 그 제안을 했기에 이런 결과가 나왔다고 하며 내 입장을 즉시 피력했다.

이 사건을 가족에게 간단히 설명하니 3인 모두가 엄마가 극복해야 할 과제라며 지원의사를 보낸다.

그 사회복지사의 성장과정.

이 조직원들끼리의 관계.

그 공익이 이곳에 자리 잡으면서 느꼈을 처절함.

그런 것들이 알고 싶어졌다.

• • •

Mum, Big Hug please

04

…

내 머릿속의 정원

그토록 아름다운
'안녕히'라는 말은 어디로…

당신의 말은

당신의 인품을 나타낸다

당신의 행동은

당신의 주변 사람들을 보여준다

-캄보디아 속담-

나는 보통 사람으로 살아오면서 고운 말, 긍정적인 의지를 담은 말을 쓰기 위해 노력해 왔다. 한 나라의 격을 국격이라 하고, 각 사람의 격을 인격이라 한다. 나는 인격을 가장 쉽게 나타내는 것이 '언어'라고 생각한다.

내 입에서 한번 나온 단어나 문장이 곧 나의 결이기에 한 문장을 말할 때에도, 조심해서 단어를 선택하고 주의를 기울이며 말한다. 최근 일본에서 붐을 일으키고 있는 '품격'도 이와 같은 맥락이라고 조심스럽게 추측한다.

언어는 상호작용이기에 나는 타인의 언어습관에도 예민한 편이다. 그중 내 비위가 강하게 거슬리는 인사말이 있다. 때때로 이 말에 기분이 나빠지는 경우도 있으니,

"오세요."

"가세요."

최근 몇 년 전부터, 많은 사람들에게 들었던 인사말이다. 어딜 가세요? 뭘 오세요? 란 말인가. 그 아름다운 '안녕히'라는 단어가

실종된 것 같아 마음이 쓰인다.

불혹不惑을 넘은 뒤, 나는 자신을 사랑하는 방법의 하나로 마사지를 택했다. 성의 있는 마사지에 몸은 노곤해지고, 기분까지 상쾌하다. 이 행복이 가시기도 전, 또 그 말이 들려온다.

"가세요." 종업원이 미소를 띠며 말했다.

"네. 고마워요. 안녕히 계세요." 그녀의 인사에 마음이 상한 나는, 항의라도 하듯 조금 더 힘을 주어 인사했다. 그녀가 다음번에는 '안녕히'를 넣어주길 바라는 마음도 더했다.

대부분의 나라에서는 아침과 점심, 저녁, 그리고 밤의 인사가 따로 있다. 하지만 우리나라는 "안녕하세요?"로 하루를 아우르는 따스함을 전할 수 있다. 심플하면서 하루를 품은 이 인사가 참 곱게도 느껴진다.

'차라리 말을 하지 말지….' 말을 줄여 하는 사람들을 마주할 때면, 나는 신경질적으로 반문한다. 물론 마음속 말이다. 매체나 SNS의 영향인지, 함축적으로 의미를 전달하기 위해 말을 줄여 사용하는 것인지 아직 정확한 의도는 모르겠다.

영국생활을 마치고 귀국했을 때로 기억된다. 아이의 반 모임에서 한 학부모가 '강추합니다.'라는 말을 했다. 이 자리가 친구들의 모임이 아닌, 예의를 갖춰야 하는 자리라고 생각했기에 나는 적잖게 당황했다. 물론, 뜻도 파악하지 못했다. 한번은 후배의 "저

완모했어요."라는 말을 이해하지 못해 되물었다. '완전히 모유를 수유했다.'라는 뜻의 이 말은, 갓난쟁이를 가진 세대가 아니면 불통이 될 수밖에 없는 줄임말이다.

세대 간의 소통에서 젊은이들의 선택하는 어휘들을 파악하려면 암호를 해독하는 수준이다. '말하는 시대'에서 '입력하는 시대'로의 변화도 새로운 단어들을 탄생시켰다. 한 번 생각하고 내뱉는 말과는 달리 엄지로 내 감정을 표현하기에 더욱 과장되고 과감한 어휘들이 통용된다.

듣보잡(듣도 보도 못한 잡스러운), 샵쥐(시아버지), 담탱이(담임선생님) 등 인터넷 용어를 써야 앞서가는 세대로 인정받는다는 생각일까? 나이가 지긋한 어른들도 이 축약형의, 내가 느끼기엔 해괴망측한 단어를 구사하면서 세련된 어른이라는 자만에 빠진다.

무조건 과거로의 회귀를 주장하는 것은 아니다. 나 또한 축약단어를 사용한 세대이기에. 다만, 이러한 언어를 사용하지 않더라도 멋진 어른으로 살아갈 수 있다는 것을 알리고 싶다. 불편한 용어를 능숙하게 사용하지 못한다고 해서 시대에 뒤떨어지거나, 창피한 일이 아니라는 것도 인정하는 분위기도 필요하다.

한번은 딸아이와 이야기하다가 이 푸념을 늘어놓았다.

"엄마, 나도 어떨 때는 알아듣지 못하는 용어도 있어요. 혹은 그 줄임말의 어감과 뜻이 좋지 않아 눈살을 찌푸리기도 해요. 엄미는 어련하겠어요?"

내 한숨 섞인 말에, 딸아이가 공감해 주었다. 딸로서 내 의견에 공감해 주어 고맙고, 기성세대를 이해해 주려는 포용력에 또 고마웠다.

나는 생각했다. '차라리 말을 하지 말지.'라고 젊은 세대를 겨냥한 신경질적인 반문보다는, '그토록 아름다운 단어를 왜 쓰지 못하는 것일까?' 하며 고민하는 아름다운 어른이 되겠다고. 변화가 필연적이라면, 어떻게 아름답게 담아낼 것인가를 생각하는 어른이고 싶다.

적당히, 적당히
요즘 유행하는 줄임말과 소리 나는 대로 적는 말을
유난히 많이 아는 친구가 있습니다.
그래서인지, 보내는 문자는
통통 튀고 젊어 보이고 매력이 있습니다.
문법대로 답장을 적자니,
기숙사 사감처럼 딱딱하고
따라 하자니,
내 몸에 맞지 않는 옷을 입은 듯합니다.
그러나 은근 재미도 있습니다.

우리 사이에 소통이 된다면 그렇게라도 해야지요.
감정을 나누는 것이 소통이니까요.
그러나 해석이 필요할 만큼 어렵거나
나이에 맞지 않는 말은 어색합니다.
우리말이 애먼 곳에서 고생을 하고 있는 느낌입니다.
그렇지만 너무 반듯한 삶도 별 매력은 없으니,
적당히,
적당히, 라는 조건을 달아봅니다.

- 최선옥 시인

비빔밥

예찬

음식만으로 환자를 고칠 수 있다면

약은 약통 안에 그냥 두시오

-히포크라테스-

홀로 집에 있을 때, 손쉽게 만들어 먹을 수 있다. 명절을 보내거나, 제사 후에는 흔히 먹게 된다. 급하게 밥을 먹을 때 제격이다. 우리 집 냉장고에는 항상 나물이 준비되어 있다. 따끈한 밥에 나물들을 올려놓고, 고추장을 넣어 쓱쓱 비빈다. 마무리는 참기름이다. 집에서 혼자 먹는데, 정통 비빔밥이 아니면 어떠리.

나는 음식들 가운데 비빔밥을 좋아한다. 워낙 음식을 가리지 않는 편이지만, 비빔밥은 주 2회 정도 먹는다.

전주가 고향인 친구와 나는 국적 항공기에서 먹는 비빔밥으로 이야기를 꽃피운다. 여행을 기대하면서 설렘으로 먹는 비빔밥보다는, 귀국길에 향수에 젖어 먹는 비빔밥이 더 감칠맛이 난다는 데 의견이 모아졌다.

고된 여행이나 출장을 마치고 돌아오는 비행기 안. 바늘 가는 데 실이 가듯, 비빔밥과 함께 나온 미역국 세트는 위로 그 자체다. 집이 머지않았다는 의미이기도 하기에 더 반갑다. 비빔밥을 기내식으로 개발한 영양사가 내가 런던에 머물렀을 때 함께 오가며 식사를 하고 지냈던 후배라는 사실도 맛깔난 양념이 된다.

어린 시절 내가 먹었던 비빔밥은 제법 큰 노란 양푼에 꽁보리밥과 열무김치, 참기름을 둘러 쓱쓱 비빈 것이었다. 지금은 질색을 하는 화학조미료도 당시에는 인체에 유해한 증거가 없었던지라, 솔솔 뿌려가며 먹었다. 찬바람이 부는 날이면, 돌솥을 불에 달궈 하얀 밥을 약간 눌게 했다. 입안에서 오도독 씹히는 누룽지와 아삭아삭 씹히는 색색의 나물들은 건강을 넘어 행복을 선사했다.

나는 개인적으로 유기그릇에 단아하게 담긴 비빔밥을 좋아한다. 색색의 고명들이 빙 둘러진 비빔밥 위에 아슬아슬하게 놓인 계란 노른자는 예술 그 자체다. 영양만점의 비빔밥에, 완전식품인 계란이 함께하니 이것이야말로 금상첨화가 아닌가.

비빔밥이라는 말은 19세기 말 시의전서에 처음 등장했다. 조선시대에 음식재료와 양념이 다양해지면서 푸짐한 전주비빔밥, 화려한 진주비빔밥, 평양을 대표하는 채소비빔밥 등 각 고장의 특색이 드러난 비빔밥들이 연이어 등장했다. 재료의 종류도 다양했는데, 숭어나 준치를 겨자장에 비비는 회비빔밥, 생선을 구워 살을 발라 비벼 먹는 비빔밥, 지금의 알밥과 비슷한 새우알비빔밥, 게장비빔밥, 김가루비빔밥, 콩가루비빔밥, 산초장비빔밥 등 실로 다양했다.

"우리 민족은 왜 비비는 것을 좋아할까?" 문득 궁금증이 든다.

윤덕노 음식전문가의 말을 빌리면 어떤 음식을 넣고 비벼도 조화롭고 영양이 풍부하며, 한 번에 비벼 간편하게 먹을 수 있고 나눠 먹기에도 용이하기 때문이었으리라. 조선의 실학자인 이익은 성호사설에서 '비빔밥은 아무리 먹어도 물리지 않는다.'고 하여 먹으면 먹을수록 입맛을 당기는 비빔밥의 매력을 언급했다.

비빔밥의 역사를 엿볼 수 있는 조선 정조 때, 문인 이학규의 〈낙하생집〉에는 고추장비빔밥을 보석비빔밥이라고 칭했다. 불빛에 빛나는 빨간 고추장을 자세히 들여다보면, 빨간 보석이 알알이 박혀있는 것처럼 아름답게 보인다는 것이다. '부자가 여름에 먹는 비빔밥 한 그릇의 값이 600전'이라는 글귀도 흥미롭다. 당시의 600전이 쌀 10가마니와 맞먹으니, 도대체 어떤 재료로 만들어진 비빔밥일까? 조선 후기 비빔밥의 수준이 극도로 호화로웠음을 증명하는 고전이리라.

여하튼 다양한 한식들 가운데, 세계화의 대표주자는 비빔밥이다. 최근 모 회사는 중국에 비빔밥 매장을 열어 인기몰이를 하고 있다. 반가운 이야기에 미소가 지어졌다. 한국인이건, 외국인이건 발음하기에도 브랜드를 기억하기도 쉽게 이름을 지었다. 이 매장이 강남역에 있다는 소식에 외국인 강사들과 함께 방문했다. 외국인도 어색함 없이 편히 먹을 수 있도록 배려한 메뉴와 소스, 취향에 따라 고를 수 있는 고명의 다채로움도 만족스러웠다.

K-Food의 한 작품으로 비빔밥이 널리 알려지기를 희망한다.

곡류, 육류, 채소류, 종실류(견과류나 참깨)를 한데 모아 영양학적으로 균형 잡힌 한 끼 식사가 비빔밥이다. 식이섬유 비율이 높아 포만감을 주고, 낮은 당지수로 살찔 걱정이 없다. 눈으로는 무지개 색을 감상한 뒤, 적당량의 고추장과 고소한 참기름을 넣어 향을 음미한다. 고소함을 코로 먹은 뒤, 자신의 입 크기에 맞춰 비빔밥을 한껏 뜬다. 입에 가득 문 비빔밥은 다채로운 맛과 행복을 선사한다. 이 행복이 더 많은 사람들의 입속으로 전달되기를….

소소한 기념일이 던지는 일상의 작은 파장

어리석은 자는 멀리서 행복을 찾고

현명한 자는 자신의 발치에서 행복을 키워간다

-제임스 오펜하임-

초등학교 시절, 같은 반 친구로부터 카드를 전해 받았다. 예쁜 카드를 펴니 '내 생일에 와줘'라는 진심을 꾹꾹 눌러 담은 글귀가 있었다. 이때부터 난 기념일을 즐겨온 것 같다. 지금까지도 상대방을 생각하면서 초대장을 만들고, 설렘을 담아 이를 전한다.

초대장을 만들 땐 특별한 기쁨이 있다. 나의 행복을 함께 축하해 줄 사람들을 선정할 때부터 새삼 행복하고, 내가 세상에 혼자가 아님에 감사한다. 카드 한 장으로 나와 연결된 사람들을 짚어가는 경험은 몹시 흐뭇하다. 팬시 문구점에 가서 일일이 예쁜 카드를 고를 땐 어떤 카드가 나의 마음을 가장 잘 담을 수 있을까 설레며 돌아다닌다. 카드들은 또 어찌나 가지각색으로 예쁜지. 한 자 한 자 펜으로 글씨를 눌러 쓰며 글씨가 혹 못생겨질까 조마조마하며 정성들인 순간이 지난 뒤에는 만족스럽게 쓰인 결과물을 바라본다.

내 나이 29살, 또래로서는 조금은 늦은 나이에 결혼을 했다. 첫 아이를 가진 기쁨을 누렸고, 이 행복은 나만의 것이 아니었다. 시어머니는 좋은 장소에서 당신 손주의 잔치를 열었고, 비용을 손수 챙기시며 기쁨을 나눴다. 시어머니와 얼마 안 되는 화목한 순간이었던 것 같다.

우리 부부는 잔치에 참여한 모든 이들에게 감사의 답례품을 전했다. 정성껏 포장한 떡과 작은 엽서를 함께 넣었다. 엽서 50장은 남편이 자필로 쓰며 팔이 아프다고 투덜대던 기억이 난다.

"저희 딸의 돌을 축하해 주셔서 감사합니다."

다소 식상한 문구이지만, 직접 작성한다면 그 의미가 달라질 것이라 생각했다. 구구절절한 문장들보다 짤막한 한 문장을 자필로 썼을 때의 느낌이 더 강한 법이다. 진심은 많은 글자 수를 요구하지 않았고, 많은 지인들이 우리의 마음을 전달받았다고 말해주었다.

아들의 백일에는 천장에 풍선을 달았다. 지금이라면 풍선주입기가 있어 수월했겠지만, 우리는 100개 남짓의 풍선을 모두 입으로 불어야만 했다. 볼에 감각도 사라지고, 머리도 지끈거렸지만 아들의 백일을 맞아 두둥실 날아갈 것 같은 기쁨은 풍선 안에 잡아둘 수 있었다.

기념일 챙기기를 즐겨 하는 나의 성향을 딸아이가 물려받았나 보다. 내 어릴 적과 비교도 안 될 만큼 다양해진 초대장과 선물상자, 선물포장을 고르는 딸아이를 보고 있노라면, 행복이 나를 감싼다.

딸아이가 초등학교 6학년 때였다. 아이가 초경을 하였음을 알려 왔다. 여자아이에게 초경은 준비된 여성이 되어간다는 의미도 있지만, 두려운 일이기도 하다. 나는 딸아이가 초경을 기쁨으로 맞길 바랐다. 준보석가게에 들러, 생리혈의 빨간 색을 의미하는 루비 알이 아주 작은 반지를 골랐다. 여자에게 일생에 한 번뿐인 사건이니 조금 비싼 돈을 지불하고라도 그 의미를 되새기길 원했다. 생리를 숨겨야 할 부끄럽고 비밀스러운 것이 아닌 여성으로서의 자연스러운 발자국을 남기는 일로 기억되길 바라기도 했다. 저녁에는 가족과 둘러앉아 작은 행사를 가졌다.

"완전한 여자가 되어가는 과정이야. 축하해."

웃음이 나는 일도 있었다. 하루는 아들이 자기의 소중한 그곳에 털이 났다며, 축하해 달라는 것이다. '어디 확인해 보자'며 바지를 벗기는 시늉을 하자, "믿어주세요"라면서 킥킥댄다. 어김없이 케이크를 준비했고, 축하 노래도 불렀다.

"그거 난 것 축하합니다."

누가 들으면 '에이 뭘 그런 걸 다 축하해. 징그럽게.'라고 할지도 모르지만 우리 가족에게는 무척 즐겁고 편안한 행사였다. 성장하면서 나타나는 신체적 징후들을 부끄러워하지 않고 자연스레 받아들여 어디 하나 움츠러든 곳 없이 자라기를 바라는 마음도 있었다. 무엇보다 인생에서 서로 축하하며 행복을 나누는 일을 아끼고 싶지 않았다.

아이들은 빠르게 성장했다. 축하하는 일들이 많았지만 그것들을 느낄 새도 없이 세월이 지나갔다. 딸의 주민등록증 발급 통지서 서류가 왔던 날이었다. 우리는 예쁘게 단장을 하고, 사진관에서 주민등록증 규격에 맞는 사진을 찍었다. 사진사의 어려운 주문이 이어졌다.

"오른쪽으로 살짝 고개를 돌리고, 턱을 당겨 앞으로 살짝 숙여봐요. 아니, 힘을 조금 빼고 미소를 살짝. 네 지금 좋아요."

며칠의 시간이 지나자, 약간의 포토샵으로 더욱 예뻐진 증명사진을 수령할 수 있었다. 이 사진을 가지고선 딸의 주민등록증 신청서를 제출했다. 양쪽 손에 검은 칠을 하고서 지문을 등록한 뒤, 2주가 흘렀다.

이날을 기념하는 것을 빠트릴 순 없었다. 노래를 흥얼거리면서 민트와 함께 케이크를 사 왔다. 케이크에 축하 노래가 빠질 순 없지. 우리 가족은 '생일 축하합니다' 노래를 개사해서 딸의 성인됨을 축하했다.

"민증 축하합니다. 취득 축하합니다. 사랑하는 우리 딸의 성년을 축하합니다."

어른의 시각에서 보면 지금 이대로의 아이들이 마냥 부럽다.

성인이라는 물고기가 되어 사회라는 거대한 바다로 던져지고 나면 물살에 휩쓸려 정신없이 살게 된다. 순수하게 축하하고 축하받는 일도 점점 줄어들게 된다. 안전한 보호막 안에서 행복하게 촛불을 불 수 있는 때가 얼마나 짧은가. 반대로 아이들은 자신들을 통제하고 있는 규제들에서 벗어나기를 갈망한다. 나는 이 규제를 벗어나는 과정, 아이들이 성장하면서 겪는 변화의 순간을 하나하나 기념해 주었으면 한다. 그러면서 아이들이 세상 밖으로 나가고 있음을 따뜻하고 부드럽게, 안전하게 준비시켰으면 한다. 초경, 주민등록증 발급 등이 아이들의 일상에 작은 조약돌이라면, 이것이 던져졌을 때 일으키는 파장에 환호해 주고 다시금 평온함을 되찾도록 도와주는 것은 우리들의 몫이 아닐까. 아이들이 그런 내 마음을 알아주고, 그 기쁨을 몸에 새기고 있다가 기념비로 담가둔 돌을 딛고 다시 일어설 수 있는 힘을 지녔으면 한다.

솔로몬과 과꽃

집은 책으로, 정원은 꽃으로 가득 채워라

-로크-

꽃을 싫어하는 사람은 없겠지만, 나는 유독 꽃을 좋아한다. 흔히 내 나이의 여성들이 좋아하는 가방, 향수, 스카프보다는 꽃을 선호한다. 지금 나에게 꽃을 건네는 사람이 얼마나 있으랴. 어떤 의미로든지 고운 꽃을 선물하는 소수의 사람들에게서 향기를 느낀다.

화분보다는 꽃다발을 선호하는 편이다. 새댁 시절, 시어머니는 당신이 기른 화분을 많이 주었지만 끝내 나는 그것들을 시들게 만들었다. 무언가 정성 들여 가꾸고, 키워내고 살려내는 건 나와는 영 거리가 먼 능력이었다. 그나마 우리 집에서 버텼던 것은, 생명력이 강한 군자란이 전부다.

최근에 받은 꽃 가운데 모스크바 세레메티예보 공항에서 딸아이가 건넨 꽃다발이 마음을 사로잡았다. 나를 마중 온 딸의 손에 노란 장미꽃 다발이 같은 색 리본으로 묶여 들려있었다. 내 시선은 러시아 스타일의 꽃다발에서 떨어질 줄을 몰랐다. 아이와 일분 남짓 Hug를 한 후, 가슴이 더욱 뭉클해졌다.

"고마워. 내 인생의 꽃인 너와 만물의 꽃인 노란 장미가 함께 나와줘서…."

어떤 꽃을 좋아하냐고 물으면 난 단연 '솔로몬'을 꼽는다. 솔로몬은 연한 분홍빛의 백합이다. 누군가는 순백의 백합을 보고 순결함을 떠올리고, 또 누군가는 붉은 백합을 보며 열정을 떠올린다. 나는 분홍빛의 솔로몬을 보고 행복을 떠올린다.

이 꽃의 향기를 맡기 위해서는 코를 가까이 대고 킁킁거릴 필요가 없다. 화병에 한 송이만 꽂혀있더라도, 어떤 향수도 흉내를 낼 수 없는 향기에 두 눈은 아련히 감긴다. 내 지인들은 솔로몬을 알고 있어, 내게 가끔 그 지혜를 선물한다.

작은 일을 하는 관계로 나는 꽃 선물을 할 일이 종종 있다. 단골 꽃집이 있는데, 그곳의 여사장은 항시 미소로 응대해 준다. 작은딸 민트도 여지없이 반겨주고, 꽃다발이 크건 작건 정성스레 다뤄준다.

어느 가을날로 기억된다. 과꽃을 집어 들자, 여사장은 '모습은 화려한 꽃을 좋아할 것 같은데 웬 과꽃이냐'는 표정으로 나를 바라봤다. 솔로몬 다음으로 내가 좋아하는 꽃은, 외적인 화려함과는 조금 거리가 있어 보이는 과꽃이다. 이 꽃은 간지럽게 잘도 웃어대는 인상이므로 싱그럽고 순수했던 어린 시절로 시간여행을 가야 한다.

우리 집 앞마당에 있는 수도가 보인다. 그 주위에 'Green Finger'라 불리는 엄마의 화단이 있다. 하수구 옆으로는 진분홍과 보랏빛의 과꽃이 소담히 피어있다. 김장을 하는 엄마가 마당에서 배추를 절이고 헹구는 사이, 배추 조각 하나가 둥둥 떠내려간다. 흘러가는 배추 조각은 조각배이고, 수돗가의 과꽃은 배웅하는 아낙네처럼 손을 들어 인사를 한다.

추억을 가슴에 담은 채 가을을 기다린다. 가을이면 약속이나 한 듯, 과꽃과 만날 수 있기에.

이토록

아름다운 우리말

사람의 가슴에서 나오는 말은 좋은 행위처럼 유익하다

-세네카-

첫아이를 막 출산한 뒤, 나는 탄생의 기쁨으로 가슴이 벅차있었다. 임신과 출산으로 몸은 많이 쇠약해지고 불편한 곳도 늘어났지만, 눈앞에서 꼼지락거리는 생명을 볼 때마다 내 자신이 무척이나 자랑스러웠다.

알다시피 갓 태어난 아이는 외형상 그리 예쁘지 않지만, 내 눈에는 그 어떤 보석보다도 빛난다. 이 새로운 우주를 출산했다는 생명의 신비와 경이, 내 핏줄이라는 콩깍지가 씌워져서 예뻐 보였으리라. 이 벅찬 감정은 20여 년이 흐른 지금도 여전하다.

우리말 가운데 '열꽃'은 내가 꼽는 예쁜 표현 중의 하나다. 한번은 100일이 된 딸을 앞으로 안고 장을 보러 갔는데 "아이 얼굴에 열꽃이 피었구나."라고 어르신이 말을 건넸다. 얼굴에 올라온 몇 개의 붉은 반점을 보았겠지. 내 나이 서른에 처음으로 들어본 단어였다. 갓난아이에게 흉한 표현을 하면 혹여 좋지 않은 일이 생길까, 조심스럽게 표현한 단어로 추측된다. 이것이야말로, 약자에 대한 선조들의 배려가 아닐까? 절로 고개가 끄덕여진다.

어르신에게 들은 예쁜 우리말이 또 있다. 바로 사람꽃, '인화人花'다. 아이들은 각각의 소속된 가정에 기쁨, 그 이상의 향기를 전한다. 이 행복을 어찌 꽃에게 비할 수 있으랴. 하지만, 지구상에서 아름다움을 대표하는 것이 꽃이기에, 어린아이의 천진난만함을 귀하게 여긴 말로 해석된다.

최근 기상이변이 계속되면서 가뭄으로 전국이 메말라 가는 중이다. 농업에 종사하는 분들의 마음이 논바닥처럼 갈라졌는데, 때마침 내린 비를 보고 한 어르신이 말했다.

"이 비는 단비가 아니라, 약藥비야. 약비."

가뭄으로 지칠 때 내리는 비는 달콤한 단비지만, 꼭 필요할 때 내린 비가 약이 되기를 바라는 뜻의 약비이기도 하다. 어찌 이리도 예쁜 말이 있을까. 나의 입으로 귀한 단어들을 사용할 수 있게 해주신 세종대왕님께 감사하고 싶은 날이다.

그 의미를 바로잡고, 제안하고 싶은 단어도 있다. 바로 '비행청소년'이다. 어느 코미디언은 이를 달리 표현해 '날아다니는 청소년'이라고 실소를 자아냈다. 자신의 마음을 통제할 수 없어 정신과 몸이 비행기처럼 날아다니는 아이들에게 어울리는 표현이다. 얼핏 보기에 몸은 어른이니 성장한 몸처럼 정신의 깊이도 어른만큼 될 것이라 여겨, 어른들의 잣대에서 청소년들의 행동을 묘사한 표현이라고 생각한다.

내가 쓰고 싶은 표현은 '방황 청소년'이다. 현재는 방황하고 있으나 곧 머지않아 자기 자리로 돌아가 사회 구성원이 될 것이라는 바람을 담았다.

말은 한 사람의 인격인 동시에 미래의 씨앗이다. 내가 어떤 말의 씨앗을 심느냐에 따라 미래의 나무와 과실이 달라진다. 선조들이 그랬듯, 아직 싹을 틔우지 못한 씨앗에게 긍정적인 의미를 부여하는 것만큼 중요한 일은 없다. 내가 가꾼 씨앗이 싹을 틔워 희망의 열매를 맺으면, 그들이 또 다음 세대들에게 말해줄 것이다. 이토록 아름다운 말로 미래를 가꿔나가야 한다고.

거실에 장식품이 하나도 없는 내 집

사랑은 무엇보다도

자신을 위한 선물이다

-장 아누이-

여기저기서 난리 법석이다.

성당에 오면 미사와는 별도로 서른이 넘은 자녀를 둔 엄마들이 모여 성혼을 시키려고 모이고, 각 지자체나 직장에서도 결혼 성사 작전이 활발하다.

요즘 성인 자녀들은 결혼을 하지 않으려고 한단다. 아니 아예 결혼할 생각이 없단다. 결혼식 비용부터 결혼 후 생활까지 쉬운 게 하나도 없다는 것이다. 안정된 결혼 생활에 필요한 집이며 차를 구입할 여력도 없고, 설사 그것을 대출로 구입해도 이자를 내느라 결혼 전에 누렸던 생활을 영위할 수 없기에 관심이 가지 않는 모양이다.

육아 문제도 걸려있다. 애 보느라 발에 불이 나게 뛰어다녀야 하지, 혹여 시댁 또는 친정의 도움을 받아도 죄스러운 마음에 되갚아야 하지, 그분들의 건강에 대한 염려도 해야 하지….

양가 어른들의 잔소리에 시달리는 것도 싫을 것이다. 특히 집 구입 또는 전세 자금을 더 많이 낸 쪽에서의 간섭이 심하다고 한다. 관습에 따라 남자 쪽의 참견과 위세가 아직 더 세다고도 한다.

그리고 가장 중요한 이유는, 왜 결혼을 해야 하는지 도통 이유를 모르겠다는 것이다. '지금이 맘 편안하고 충분이 즐거운데 굳이 활활 타오르는 불 속에 나뭇짐을 지고 들어가고 싶지는 않다, 결혼생활 대신 부모로부터 독립하여 반려견과 즐겁게 사는 게 마음 편하다'고 한다.

맞다, 맞아. 결혼을 하고 싶지 않은 이유가 충분히 이해가 간다.

나는 정말 7년을 뜨겁게 연애하고 사랑하여 결혼하고 싶어 결혼했다. 주위의 격렬한 반대를 무릅쓰고 말이다. 지금은 그 열정이 식어 그냥 그렇게 살고 있지만….

요즘 청년에게는 그런 열정이 없는 것일까? 나는 아니라고 생각한다. 사랑에 대한 열정이 있지만 '과연 어려움을 감내하고 결혼생활을 해야 하는가'에 대한 의문이 있어서 망설이고 있는 것이라 믿고 싶다.

시어머니의 극한 정신적 고문과 아이들을 키우면서 겪었던 어려움 등 나 역시 살아오면서 고생이 많았지만, 그래도 결혼해서 아이들을 낳은 것이 잘한 선택이라는 생각은 지금도 변함이 없다.

아이를 낳아 기르다 보면 어렵고 힘들다. 반면 즐거움이 더 많다. 결혼을 이익의 유무로 표현하는 것은 조금 어폐가 있지만 내게 있어 결혼은 충분히 남는 장사이다.

나 죽으면 슬피 울어주고 제사상을 차려줄 것이니 하는 이유 때문이 아니다. 아이들의 어린 시절을 함께한 시간이 너무 소중하기 때문이다. 목욕을 시켜주며 깔깔 웃던 즐거움, 엄마 없으면 죽을 것 같아 하는 모습에 찡하던 때, 일본어로 '쪼꼬레-또' 하며 단어 시험을 준비하던 날들, 철학자의 길에서 풍선을 놓쳐 세상이 무너질 듯 울던 모습, 독일 삼촌을 만나 포도원에서 투정하던 그 예쁜 모습들… 그 모든 것들이 지금도 눈에 선하다.

이 결혼으로 받은 아이들은 잘나고 못나고에 상관없이 축복이다.

회사 강사 중에 40대 초반의 남자 선생이 있다. 결혼하지 않은 것이 후회가 되지는 않지만, 아이를 낳아 키울 수 없는 것은 아쉽다고 한다.

어떤 여성 강사들은 40이 넘으면 자신의 난자를 냉동 보관하기도 한다. 자신이 정말로 사랑하는 남자와 결혼하여 아이를 낳고 싶은 마음이 들었을 때 임신이 어려워지는 경우에 대비해 미리 준비한다는 것이다. "선생님 정말 지혜롭다"며 동조의 의견을 내비쳤다.

이런 시대적 상황이 있는지라 나 또한 아이들의 결혼이 기도 제목이다. 아들만 둘인 선배님이 두 아들을 다 30세에 결혼시킨 성공담을 듣고 한번 따라 해보기로 했다.

그분 왈, 가랑비에 옷이 젖듯이 쿡쿡 찔러야 한단다. 20세 초반부터 일찍 결혼해야 한다는 말과 분위기를 조성해야 한단다. 옳거니, 그렇지. 집 안 거실의 모든 장식품을 걷어내고, 검정 테두리에 하얀 속지를 한 액자에 다음과 같은 문장을 넣었다. 그리고 아이들에게 싸인을 하게 했다.

'우리 집은 30세까지 괜찮은 배우자와 결혼하여 분가하는 것을 원칙으로 한다. 2016년 여름 전소현, 전우진'

그 액자를 보여주었을 때 아이들의 반응은? 당연히 '꺄-악!'

말도 안 된다며 격하게 항변하고 남편도 웃긴다는 표정이다. 한 술 더 떠 딸아이는 아까우니 결혼시키지 않았으면 한단다.

그래서 3년이 흐른 지금은 과연? '음. 거실에 액자가 하나 놓여 있구나.' 정도로 존재감이 없어졌다.

혹시 내가 가고 나면 액자를 슬쩍 옮겨놓는지는 모르겠지만, 내가 머무르는 한 내 눈에 띄는 곳에 액자가 있긴 하다.

요새는 일찍 결혼을 안 하고 버티다가 40에 간다고 한다. 그땐 내가 못 하게 말릴 것이라고 했다. 40이 넘으면 생식 기능이 떨어져 산모와 아이 모두 위험하다는 과학에 근거한 반협박을 하고 있다.

심리상담사 선생님들 모임에서도 그런 이야기를 한 적이 있는데, 36세의 한 선생님이 결혼을 머뭇거리고 있다가 내 말이 동기가 되어 혼인을 결심하게 되기도 했다. 그녀의 결혼생활이 편안하기를 바라는 마음을 담아 예쁘고 화려한 꽃바구니를 선물했다.

얼마 전 한 선배님의 딸이 서울 모 장소에서 화사하고 세련된 결혼식을 하게 되었다. 초대를 받아 식장에 가서 축하해 주었다. 같이 간 딸아이가 자신도 그곳에서 결혼을 하고 싶다고 한다.

그래, 장소는 선택되어 있으니 배우자만 기도로 선택하면 된다.

내 개인적인 생각이지만, 만일 내 아이가 결혼을 한다면 아이의 성장을 지켜보며 함께해 주신 분들, 아이의 결혼을 진심으로 축하해 주실 분들 등 통틀어 100분 정도만 모시고 싶다. 축의금, 화환 없이 맛난 음식을 나누며 축복의 말을 건네는 작은 결혼식을 열어주고 싶다. 물론 사돈 될 분과 조율하여야겠지만 말이다.

우리 아이들의 미래에 축복이 가득하길 빌며….

만 원의 행복

기쁨은 사물 안에 있지 않다
그것은 우리 안에 있다

-리하르트 바그너-

'아~ 영화 보고 싶다.'

혼자 하는 여행처럼, 가끔 불쑥 영화를 보러 갈 때가 있다.

같이 간 친구가 수다를 떨어서 언어의 묘미를 놓쳐버리는 일이 자주 일어난 이후에는 말이 없는 지인이나 아이들과 가는 것을 선호한다. 국제시장을 봤을 때는 대강의 줄거리 이외에는 놓친 것이 너무 많아 그다음 주에 다시 가 혼자 관람하기도 했다.

내가 극장에서 처음으로 본 영화는 '나바론 요새'로, 중학교 1학년 때 교복을 입고 단체로 극장까지 걸어가서 본 작품이다. 한국의 남궁원과 이미지가 비슷한 미남 배우인 그래고리 팩이 주인공인데, 세계 2차 대전 당시 영국군이 고립된 섬에서 탈출하는 것이 줄거리로 그 거대한 스케일과 아슬아슬한 긴장감에 소리를 지르다 손을 쥐었다 하며 재미있게 보았던 기억이 난다.

그 당시는 대부분이 넉넉하지 않은 살림이라 돈 내고 영화 보러 가기가 어려웠고, 영화 종류와 상관없이 극장에 가다 생활지도 선생님께 걸리면 정학을 맞던 단속이 엄한 시절이었다. 그래서 더 영화 관람이 각별했다. 내 고향 인천에는 미림, 애관, 자유극장이 있었는데, 어떤 때는 1편의 영화비를 내었는데도 2편을 상영해 주는 선물 같은 이벤트도 있었다. 저렴한 돈을 내고 어두운 영화관에 앉아있으면 포근한 느낌이 들었고 세상에 부러울 것이 없었다.

런던에서 유학생 가족으로 생활하면서 본 영화 중 가장 감동을 느꼈던 영화가 있다. 지금도 1년에 2, 3회는 감상할 정도로 좋아하는 영화인데, 바로 마리아와 트랩 대령 일가의 실화를 근거로 한 뮤지컬 영화, '사운드 오브 뮤직The Sound of Music'이다.

이 영화에서 나오는 노래는 많은 사람들이 들으면 '아, 이 노래!' 하고 알 정도로 널리 알려져 있다. 나는 아직도 영화에 나오는 '도레미송'을 외우고 있을 정도다. '도레미송' 외에도 영화에 나오는 모든 OST가 아름답다.

원장 수녀의 권유로 군인 명문 집안의 가정교사가 된 말괄량이 견습 수녀 마리아가 일곱 아이들에게 노래를 가르치며 점차 교감하게 되고, 엄격한 폰 트랩 대령 역시 그녀에게 마음의 문을 열게 된다는 내용인 '사운드 오브 뮤직'.

영화 속 트랩 대령은 요즘 말로 하면 '차도남'이다. 아이들을 호루라기로 불러 열을 맞추고 마리아에게도 매몰차게 대하는 등 시종 딱딱한 자세로 일관하다가, 마리아를 사랑하게 된 후에는 따뜻한 남편이자 자상한 아버지의 면모를 보인다. 천방지축이지만 순수하고 태양처럼 환한 영혼을 가지고 있는 마리아를 보면 그의 마음이 변한 이유를 알 것도 같다.

나는 실제로 트랩 대령 가족이 살던 오스트리아 잘츠부르크의 미라벨 가든을 방문하기도 했다. 다만 내부 수리로 인해 들어가 보지는 못했지만 그래도 정원과 연못에서 아이들과 공놀이를 하며 confidence를 부르다 집으로 돌아오는 마리아를 만난 것만 같아 기분이 좋았다.

마리아와 아이들의 인형극에서 알프스 호른을 부는 양볼이 불룩한 남자 인형과 속눈썹이 무척 길고 패티코트가 터져 나갈 듯한 차림의 여자 인형은 아직도 기억에 남아있다.

마지막에 나치를 피하여 알프스 산맥을 넘는 트랩 일가의 모습을 보며 부디 그들이 무사히 도피할 수 있기를 아련히 바라기도 했다. 아이러니하게도 이 영화는 배경이 된 오스트리아에서 상영 금지 작품이라 한다. 영화는 반反나치주의인데 히틀러는 오스트리아 사람이기 때문이다.

아무튼 이토록 영화가 좋은 나는 훌륭한 영화는 꼬옥 봐야 한다는 생각을 갖고 있어 2주일에 한 번은 극장을 찾는 편이다. 영화에서 주는 교훈과 감동은 무엇과도 바꿀 수 없는 특별한 선물이다.

요즘 영화의 상영시간은 대체로 2시간 이상이지만 내겐 90분 정도의 영화 길이가 가장 적당하다. 90분이 넘으면 등이나 엉덩이도 아파오고 자세를 이리저리 바꾸며 뒤비적거려야 하기 때문이다. 언젠가 연극이나 뮤지컬처럼 영화 중간에 잠시 브레이크 타임을 주는 극장이 생겼으면 좋겠다.

하여튼 영화 관람은 10,000원을 내면 약 2시간을 쾌적한 장소에서 보낼 수 있으니 가성비 좋은 취미로는 최고다. 극장 안도 여름에는 추위를 느낄 정도로 시원하고, 겨울에는 춥지 않고 따듯하니 바랄 것이 없다.

거기에 영화 내용은 또 얼마나 거대한가? 또한 얼마나 감동적인가? 얼마나 재미있는가?

내가 전혀 생각도 하지 못했던 부분을 알려주고, 생각하게 하고, 미지의 세계로 안내해 주니, 영화 한 편을 본다는 것은 지금 이 시대에 무척 알뜰한 즐거움이 아닌가 생각해 본다. 몇 백억이 들어간 작품부터 저예산의 독립영화까지, 제작비는 작품에 따라 다르지만 모두 약 만 원으로 즐겁게 관람할 수 있지 않은가. 같은 의미로 추석 명절이나 크리스마스 때 보여주고 또 보여주는 TV의 명작 영화에도 많은 감사를 보낸다.

내가 주로 즐겨보는 영화의 장르는 맘마미아 같은 스타일의 Romantic Comedy이다.

최근엔 말모이, 나랏말싸미 등 언어의 힘을 느낄 수 있는 작품들도 좋고, 디즈니에서 실사화로 리메이크한 '알라딘', '라이온 킹'도 좋다. 2D로 감상했던 이들이 생생한 3D로 나오니까 또 감회가 새롭다. 어른이지만 즐겁게 볼 수 있는 만화영화를 만들어준 이들에게 고마운 마음을 전한다. 어른도 때때로 만화가 필요하니까.

요새 한국 영화가 할리우드 영화를 앞지르는 경우를 접하면 뿌듯해지기도 한다. 세계 유명한 영화제에서도 한국 작품이 상을 받는 것을 보면 한국 영화의 감독들에게 기립 박수를 보내고 싶다.

이 원고를 탈고하면 쉭- 하고 또 새로운 영화 한국영화 감상하러 가야지….

시각에

불편함이 있는 사람이에요

장애는 나의 일부이다. 나는 그것과 화해해야 했기 때문이다.
그럼으로써 원한, 편견, 증오와 같이
별로 드러나지 않는 타인의 장애와도 화해했다

-진저 허튼-

내가 장애인이라고 하면 믿지 않는 사람들이 많다. 어디에 장애가 있냐며 머리끝부터 발끝까지 훑어보기도 한다. 타인의 눈에 띌 정도로 특이한 것만이 장애는 아니다. 나도 겉보기엔 멀쩡하다. 하지만 시력의 차이가 심해 여러 가지로 일상생활을 하는 데 불편함이 있다.

첫째로 원체 체력이 약하기도 하지만 균형을 잘 못 잡는다. 국궁을 배울 때도 유독 나만 명중률이 낮은 편이었다. 별로 즐기지 않지만 사업상 하는 골프를 칠 때도 역시 공이 잘 안 맞는 편이다.

운전을 할 때도 특히 주의를 기울여야 하고, 햇빛이 따갑게 내리쬐면 눈이 아파 실내에서도 선글라스를 쓰기도 한다. 내 시각에 문제가 있는 것을 최근에서야 알게 된 남편은 속이고 결혼했다며 농담처럼 말을 건네기도 했다.

남편 말대로 나는 나의 장애에 대해서 밝히지 않고 결혼하였다.

거기엔 이율배반적인 이유가 있었다. 한편으론 시각의 불편함이 있음을 말했다가 어른들이 불편해할까 걱정이 되기도 했고,

또 다르게 생각하면 스스로 이런 불편함을 꼭 밝혀야 한다고 생각하지 않았다. 그건 그냥 나의 자연스런 일부였고, 구구절절이 설명해야 할 만큼 흠이 되는 무언가가 아니었다. 초등학교 때부터 생활기록부에 왼쪽 눈 약시라고 적혀있었을 만큼 내게 있어 눈의 장애는 친우처럼 오래되었다.

초등학교 3학년 정도로 기억이 난다. 김혜화라는 친구의 집에 놀러 가서 밥을 먹다가 그 친구의 남자 동생이 투정을 부리며 던진 숟가락에 오른쪽 눈을 부딪쳤다.

몹시 아팠지만 피가 나지 않았기에 당황한 친구 어머니의 괜찮냐는 물음에 그냥 괜찮다고 대답하였다. 대체로 어린아이들이 그렇듯이.

그 후에도 눈이 지속적으로 아프지 않아 엄마에게도 말하지 않았고, 사물을 보는 데 지장이 없다고 여겨 그 사건은 그리 잊히게 되었다.

하지만 1년에 한 번 체력 검사를 할 때마다 양 눈의 시력 차이가 현격해졌고 일상생활에서도 점점 불편함이 느껴져 2012년도에 검사를 한 결과 장애인 등급 판정이 내려졌다.

'불편하다'는 생각만 있었던 것과 '장애인 판정'을 받은 것은 실제로 달라진 게 아무것도 없었음에도 다가오는 바가 달랐다. '장애인'이란 레이블이 붙으니 갑자기 내가 요지경 속으로 들어간 것 같았다. 새로운 정체성(?)을 얻게 된 겸 어색함이 지나가기 전에 장애인 경제 단체에서 나보다 불편한 중증 장애인들을 돕기로 했다. 때로는 그들에게 맛있는 식사를 대접하기도 하고 대화도 나누었다. 동병상련을 느낄 수 있었다. 아픔도 많지만 의지도 강한 분들이 많았다. 지금도 그들과 주욱 함께하고 있다.

장애인들과 몸을 부대끼며 살아본 결과 내가 내린 결론은, 당연하게도 그들은 몸이 불편할 뿐 비장애인과 똑같은 사람들이라는 것이다. 그들도 꿈이 있고 열정이 있고 욕심도 있다. 살아가는 데 있어서 비장애인보다 힘이 들지만 그만큼 삶의 의욕도 강하고 비장애인들에게 뒤지지 않으려는 모습을 보이기도 한다. 그래서인지 때로 어떤 장애인은 얼굴에 환한 빛이 돌고 놀랄 만큼 활발하고 긍정적인 모습을 보인다. 그런 모습을 보다 보면 인간이란 존재에 대해 다시금 생각해 보게 된다.

그러면 '장애'라는 것이 무엇인가? 사전적 의미로는 첫째, '어떤 사물의 진행을 가로막아 거치적거리게 하거나 충분한 기능을 하지 못하게 함. 또는 그런 일'이고, 둘째, '신체 기관이 본래의 제 기능을 하지 못하거나 정신 능력에 결함이 있는 상태'이다. '장애인'은 두 번째에 해당할 뿐 첫 번째에는 해당되지 않는다는 게 내 생각이다. 그저 몸의 일부가 비장애인의 그것에 비해 작용이 원활하지 않을 뿐, 장애로 인해 삶을 살아가는 데 있어서 한 개인의 잠

재력을 십분 발휘할 수 없는 것은 결코 아니다. 손이 없어도 발가락으로 그림을 그리는 예술가를 보면 인간에게 한계란 없고 무궁무진한 가능성만 존재할 뿐이라는 생각이 든다. 그런 장애인들을 보며 사람들이 불쌍하게 여기고 혀를 차는 것이 얼마나 오만한가. 장애인은 동정받을 필요가 없다. 그저 배려받아야 할 뿐이다.

장애인의 50% 정도는 선천적인 이유보다는 후천적인 이유, 특히 자동차 사고 등으로 장애를 안게 된 경우가 많다. 현대사회는 장애를 만드는 요인이 이 밖에도 무척 많다.

서로 주의하고 조심해야 한다.

나도 타인을 해치면 안 되지만 타인으로부터 나도 해침을 당하지 않도록 방어하며 조심조심해야 할 것이다. 신체적인 문제만이 아니다. 장애인임과 동시에 그저 한 사람의 일반인으로서, 장애를 대하는 태도에 대해 전격적인 의식의 변화가 필요하다는 입장이다. 비장애인에게도, 그리고 장애인 자신에게도.

모두가 누군가에게는 너무나도 소중한 존재이기 때문이다.

한 치도 존재가 가벼운 사람은 없기 때문이다.

짠국이 아빠

검약은 훌륭한 소득이다

-에라스무스-

엄마가 화자가 되어 아들의 일상을 관찰하고 그 자녀들의 일화를 보여주는 SBS 프로그램이 있다. 지난 주말 김종국이라는 남자 가수의 아버지가 그 프로에 나왔다. 패널들이 혀를 내두르며 어이없어 할 정도로 자린고비인 분이었는데, 지금도 낡아 보이지 않는 구두를 25년간 신고 계신 것이며 한 시계를 45년간 차는 것이며, 보통이 아니셨다. 김종국의 어머니가 해도 해도 너무 한다며 45년을 살면서 여행 한번 제대로 못 가봤다고 넋두리를 하시는 이유를 알 법 했다.

르완다에 머물렀을 때 나는 그곳의 열악한 사정을 보면서 많은 것을 깨달았다. 그 후 한국에 돌아와 이전보다 더 절약하는 생활을 하게 되었다.

레스토랑의 냅킨도 2장 이상은 사용하지 않고, 아이들에게도 되도록 그리하도록 이야기하며 일회용 포크, 젓가락도 거의 사용하지 않는다. 얼마 전 딸아이가 "엄마 우리 어렸을 때 방에 불 켜고 자면 용돈에서 깎아 벌금으로 내게 한 적 있지요."라며 웃으며 말을 한다.

샤워할 때는 발아래에 세숫대야를 놓고 물을 받았다가 변기에 붓고 치약이 잘 나오지 않으면 가위로 4등분하여 비닐봉지에 넣어두고 쓴다. 물론 튜브 용기로 된 모든 제품도 마찬가지다. 이렇게 해보면 정량의 1/4 정도는 튜브 안에 남아있는 걸 알 수 있기에 멈출 수가 없다. 남은 물을 받아서 사용하면 변기에 검정 테두리가 생긴다며 약간의 타박을 받기도 하지만, 내 몸이 이미 그렇게 작동하게 되었으니 어쩔 수 없다. 타인에게 피해를 주는 행위가 아니니 계속할 테다.

우리나라가 아무리 풍요로워졌다 해도, 석유 한 방울도 나지 않는 나라임은 변함이 없다. 낮에도 아무 데나 불을 켜놓고, 여름철에 운전하지도 않으면서 자동차의 에어컨을 빵빵 틀어놓는 것이 일쑤임을 보면 안타깝다. 자기 차면 저렇게 시동 걸고 오랜 시간 대기할 수 있을까? 물어본다.

짠국이 아빠의 모습을 보면서 조금 지나치다 싶은 면이 있으나 마구 소비하는 사람들보다는 훨씬 낫다는 생각이 들었다.

없으면 당연히 절약하는 것이 맞다. 그런데 여유가 있음에도 그토록 절약에 열심인 모습에는 기가 막혀 웃음이 나오기보다는 존경심이 먼저 든다.

지인과 가족들은 지금 세상에 뭐 그리 아끼며 사느냐는 눈빛이지만, 그럼에도 불구하고 이 절약하는 생활 스타일은 아름다운 결과를 가져옴을 확신한다. 절약으로 남는 돈은 18세 미만의 어린이를 위해 기부하는 즐거움으로 이어질 것이다.

조금씩이라도 절약하고, 덜 가진 자들에게 양보하는 건 그다지 어려운 일이 아니다. 먹고살기 바빠서 그렇다고들 하지만, 사실 많은 돈이나 많은 시간이 필요하지 않다. 중요한 건 마음가짐이라고 생각한다. 내가 물이나 전기를 사용할 때 '잠깐'하고 3초 정도 멈추고 생각하면 아껴 쓰게 된다. 어려운 이웃을 도울 기회가 생겼을 때도 단돈 천 원만이라도 기부하면 그다음부터는 자동적으로 그 정도 액수는 기부할 수 있게 된다. 시작이 반이기에 이러한 습관을 계속 들이면 생활도 검소해지고 내가 지금 가지고 있는 것에 진실로 감사하는 마음을 갖게 된다. 나 또한 이렇게 하여 내 마음의 크기도 함께 넓어지길 기도하고 있다.

지구 위의 것은 어느 한 개인에게 속한 것이 하나도 없다. 자연과 인간이 모여 힘을 합쳐 나눠주는 것으로 우리는 그 자원이 내게 옴을 감사해야 한다. 내 몸조차도 자원으로 이루어져 있다. 살과 뼈, 피, 머리카락 하나하나 나 스스로 이루어낸 것이 아니다. 당연시해서는 안 된다.

흔히들 베풀면 더 줄어들고 조마조마하게 되는 것 아닌가 하지만 실은 그 반대다. 나눠줄수록, 나의 세계는 확장되고 시야는 높은 곳에 오르게 된다.

지구촌의 모든 사람들이 서로 나누고 절약하며 행복해지길, 그래서 빈곤과 기아가 존재하지 않는 세상이 오기를 바란다. 나는 오늘도 열심히 절약해야지. 타인을 불편하게 하지 않는 범위에서.

타인의 지갑마저 조정하려는 의도는?

비록 나는 부의 축복에 감사하지만
부로 인해 내가 달라지지는 않았다
내 발은 아직 땅을 딛고 있다
단지 좀 더 좋은 신발을 신었을 뿐이다

-오프라 윈프리-

내 나이 지천명知天命 50이 넘으니 자연스레 젊은 시절로 되돌아가고 싶은 생각이 들 때가 있다. 젊은 시절을 생각하면 그 시절을 치열하게 잘 살아왔다는 생각이 든다. 당시 어린 나이로 감내하기 힘들었던 일들이 떠오를 때면 웬만한 일에는 상처받지 않는 지금을 상기하며 여유를 느끼게 되니 좋은 일이다.

그럼에도 불구하고 아직 참기 어려운 일이 하나 있다.

어린 시절 엄마가 나에게 예쁜 노란 수영복을 사주기를 바란 적이 있었다. 어떻게 하면 자연스럽게 내 마음을 전할 수 있을까 고민하던 나는 잠꼬대를 하는 척 "노란 수영복-, 노란 수영복-" 하며 엄마의 마음을 흔들어 보려는 연극을 했다.

그 공연은 나는 딸이고 엄마는 내 엄마였기에 봐줄 만한 것이었을 텐데, 그렇게 친밀한 관계도 아닌 사람들이 나의 지갑을 관리하려 드는 일이 있어 화가 난다. 이번 한 번 뿐은 아니었다. 나는 살아오면서 자신의 지갑은 열지 않으면서 남의 지갑을 재단하는 이들에게 늘 불편함을 느껴왔다.

대놓고 "당신 정도의 위치에 있으면 얼마를 내놓아야 하는 것 아니에요? 그 정도는 기부해야 하는 것 아니에요?"라고 당돌하게 말하는 사람을 보면 말문이 막힌다. 얼마를 기부할지, 얼마를 성금으로 낼지, 이번 저녁을 내가 쏠지 말지는 순전히 나의 결정이다. 나뿐만 아니라 어느 누구에게도 '내야 할 금액'을 제시할 수는 없다고 생각한다.

"그 친구 말이야, 그렇게 돈 벌고 성공했으면서도 말이야, 회식비 한 번 안내고 말이야, 자린고비야."라고 하며 다른 친구의 동의를 강요한다든가, "임 원장님 많이 베푸세요."라고 하면서 자신의 기대치를 은근히 피력할 때는 언짢아지기도 한다.

다른 사람이 '번 만큼 내야 한다'고 믿는 사람들은 종종 그 사람이 이룩한 결과물에는 눈독을 들이면서 그것을 이루기 위해 노력한 피와 땀은 간과하고 있는 것 같다. 물론 내가 성공하고 어느 정도 돈을 벌었다고 할 수 있는 이면에 오로지 나만의 노력만 들어있는 것은 아니다. 주변 사람과의 상호작용과 하늘이 내려준 기회도 존재했을 것이라 생각한다. 허나 그것은 내가 나름대로 환원할 일이지, 나의 지갑이 남들을 위해 당연히 열려야 할 것처럼 여겨지는 것은 싫다. 마치 챙겨둔 밥그릇인 것처럼 자신이 받아야 할 마땅한 혜택으로 생각하는 것에는 그 어떤 숭고한 의미도 없다.

나에겐 내 나름의 신념이 들어있는 지출 가이드라인이 있다.

하나는 타인에게 결코 '지갑을 열라'고 의견을 제시하지 않는 것이다. 그 타인이 나를 위해, 더 나아가 우리를 위해 호의를 베풀면 좋겠지만, 그렇게 하지 않는다고 해도 재단하지 않는다.

둘째로 오직 18세 이하 어린이를 위해서 지갑을 여는 것이다. 성인을 위한 기부는 하지 않는다. 친밀한 주위 사람들에게 맛있는 식사를 사는 것만이 예외이다.

자신도 얼마를 내었으니 당신도 이 정도는 내었으면 좋겠다고 말하는 것은 괜찮다. 그건 욕심이 아니라 화합을 위한 것이니. 허나 나는 이 정도만 내지만 당신은 더 많이 내야 하는 것이 아니냐고 말하는 것은 이치에 맞지 않는다.

경험에 의하면 오히려 이렇게 타인의 지갑을 가늠하는 사람들이 정작 자신은 그다지 내놓지 않으려는 경향을 갖고 있다.

타인의 지갑을 재단하는 일은 무척 조심스러운 일이다. 입 밖으로 꺼내면 지저분해지고, 겉으로 보이는 액수와 이면에 숨은 비물질적인 요소를 비교하기도 어렵다. 그 사람이 돈이 많은지, 적은지, 얼마를 쓸 의사를 갖고 있는지, 그의 생활은 어떤지, 가치관은 어떤지, 개개인은 알 수가 없다.

타인의 지갑을 재단하는 일은 하지 않았으면 한다. 그 사람에겐 그 사람만의 정의로 굴러가는 도덕률이 존재하기에. 내 지갑은 내 지갑, 그대의 지갑은 그대의 지갑이다.

내 뒤를 보며 크는 아이들

말보다 우리의 사람됨이
아이에게 훨씬 더 많은 가르침을 준다
그래서 우리는 우리 아이들에게 바라는
바로 그 모습이어야 한다

-조셉 칠튼 피어스-

40에 다시 세상에 나왔을 때, 무척 두렵고 어려워 엉엉 울었습니다. 10년간 결혼 임신 출산 그리고 육아로 결혼생활을 하다가 다시 세상을 마주하며 일을 하는 것은 아기가 다시 첫걸음을 디디는 것같이 서툴렀습니다.

아이들이 어릴 때 한 아이는 업고 한 아이는 안은 채 한 손으로 프라이팬을 돌리던 제 모습은 가히 원더우먼이었습니다. 더 가관인 것은 한 발로는 걸레를 달고 걸레질을 하고 있었다는 것입니다.

일을 다시 하게 되면서 더욱더 슈퍼우먼이 되어야 했습니다.

초등학교 저학년인 아이들 둘을 하교 후 학원에 보내거나 길거리에 방치하며 일을 하면서 지금 여기까지 왔습니다.

일하는 엄마들에게 마음의 햇살을 보냅니다.

아이들 돌보랴, 키우랴, 거기에 일도 자알 해내랴.

얼마나 힘드세요.

학교생활은 물론 아이들 친구들과 그 엄마들의 성향은 물론이고 입시 정보에 함께 참여할 기회가 적은 Working Mum들이여.

억울하게도 한국에서 아이들의 진학은 엄마의 역할이 더 클뿐더러 책임도 무겁게 다가옵니다.

특히 명문 대학의 진학은 엄마가 명품이 되어야지만 가능한 것처럼 여겨지는 요즘 얼마나 힘들고 간을 졸이면서 일과 가정을 지키려 노력하는지 상상이 가고 충분히 이해합니다.

아이가 아프기라도 하면 내 탓인 것 같고 불편한 일이 생겨도, 성적이 떨어져도, 나쁜 일은 전부 내 책임이라 여기며 마음 졸이며 지내다 보니 어려운 점이 이만저만이 아니지요.

전업주부인 같은 반 아이 엄마를 만나기라도 하면 아이를 생각해서 겸손하게 행동해야 하고 모든 걸 깔아야 합니다. "누구 엄마 좋겠어요. 일도 하면서 아이 공부도 웬만하고" 하며 칭찬 반, 비아냥 반으로 말을 걸어도 죄스런 마음과 얼굴을 해야 할 때 얼마나 힘이 들던지.

제 경험과, 제 주위의 몇몇 50대 여인 중 일하는 엄마들의 경험에 의하면 불의의 사고가 일어나지 않는 한 엄마가 일을 해도 아이는 알아서 자알 자라더랍니다.

아이들의 성장과 교육, 진학에 너무 불안해하지 않았으면 좋겠습니다.

이렇게 말해도 제 말이 잘 귀에 안 들어올 것입니다. 저 또한 그랬으니까요.

나와 내 남편과 양가 조부모님들의 영향, 그리고 유전적인 면이 모여 아이들을 이루는 것 같다는 결론을 조심스럽게 지어봅니다.

머리는 좋지만 불우한 환경에서 성장하신 분들이 많은 한 많은 우리 부모 세대는 우리가 그들의 전철을 밟지 않도록 하기 위해 적극적인 가치관을 가지고 살아가도록 교육하셨습니다.

허나 우리 아이들은 수많은 교육을 받고도 소위 '잉여세대'라는 말을 듣는, 우리와는 또 다른 장애물과 부딪히며 살아가고 성장해 가고 있습니다.

우리의 아이들은 어른 6명의 유전자와 가치관, 그리고 주위 친구와 선생님, 고마운 멘토들에 의해 무럭무럭 자라고 있습니다. 멘토 중에는 물론 좋은 책과 영화, 그리고 좋은 사람이 있을 것입니다.

나와 내 남편의 뒷모습을 보고 자라는 아이들이라 더 조심스럽습니다.

행동도 그렇고 가치관도 그렇고 다행입니다. 외모는 서양인처럼 조금 튀지만 선한 영향력이라는 가치 아래 행동을 하고 있으니.

오늘도 조심스레 아침 기도를 하고 잠자리에서 일어납니다.

출간후기

따뜻한 엄마의 포옹을 담아…

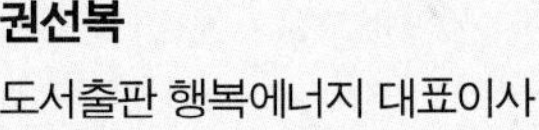

권선복

도서출판 행복에너지 대표이사

임서연 저자의 손길이 묻은 글은 특별합니다.

말랑말랑한 마시멜로처럼 귀엽고 푸근하다가도, 살짝 쓴맛이 느껴지는 초콜렛처럼 씁쓰름하기도 합니다. 그녀의 가치관과 인생을 닮았습니다. 부드럽지만 마냥 달콤하지만은 않고, 그렇다고 어둡지도 않습니다. 아파도 씩씩한 소녀의 감성을 잃지 않았고, 개척자 정신으로 매일을 살아가는 적극성이 느껴집니다.

그녀의 이야기 속에는 진실함이 담겨있습니다. 허례허식으로 꾸미기보다 있는 그대로의 삶을 담아내려는 솔직함이 보입니다.

'다음 장에는 어떤 이야기를 할까?' 궁금해집니다. 묘한 중독성을 가지고 계속 페이지를 넘기게 합니다.

저자의 머릿속을 살짝 엿보는 기분이 즐겁습니다.

'소녀감성'으로 살아가는 커리어우먼인 임서연, Grace의 이야기가 여러분의 가슴속에서도 '통통' 조그만 울림을 가지고 노크를 하였을 것입니다.

이런저런 산전수전을 겪었지만 저자는 지금이 행복하다고 말합니다. 아이들은 알아서 잘 크고 그녀가 하는 일은 즐겁다고요.

그녀의 푸근한 Hug를 느끼며 이 책으로 잠시 기분전환이 되었으면 좋겠습니다.

그리고 서로에게 "내게 Big Hug please."라고 말할 수 있었으면 좋겠습니다.

많은 사람들이 Hug와 Kiss를 아끼지 않았으면 좋겠습니다. 솔직하고 정직하게 포옹을 나누고 삶을 축복하는 정신이 많이많이 퍼져나가기를 기대합니다.

독자 여러분의 따뜻한 가슴에도 사랑의 힘이 팡팡팡! 넘치기를 기원합니다!

'행복에너지'의 **해피 대한민국** 프로젝트!

〈모교 책 보내기 운동〉

대한민국의 뿌리, 대한민국의 미래 **청소년·청년**들에게 **책**을 보내주세요.

많은 학교의 도서관이 가난해지고 있습니다. 그만큼 많은 학생들의 마음 또한 가난해지고 있습니다. 학교 도서관에는 색이 바래고 찢어진 책들이 나뒹굽니다. 더럽고 먼지만 앉은 책을 과연 누가 읽고 싶어 할까요? 게임과 스마트폰에 중독된 초·중고생들. 입시의 문턱 앞에서 문제집에만 매달리는 고등학생들. 험난한 취업 준비에 책 읽을 시간조차 없는 대학생들. 아무런 꿈도 없이 정해진 길을 따라서만 가는 젊은이들이 과연 대한민국을 이끌 수 있을까요?

한 권의 책은 한 사람의 인생을 바꾸는 힘을 가지고 있습니다. 한 사람의 인생이 바뀌면 한 나라의 국운이 바뀝니다. **저희 행복에너지에서는 베스트셀러와 각종 기관에서 우수도서로 선정된 도서를 중심으로 〈모교 책 보내기 운동〉을 펼치고 있습니다.** 대한민국의 미래, 젊은이들에게 좋은 책을 보내주십시오. 독자 여러분의 자랑스러운 모교에 보내진 한 권의 책은 더 크게 성장할 대한민국의 발판이 될 것입니다.

도서출판 행복에너지를 성원해주시는 독자 여러분의 많은 관심과 참여 부탁드리겠습니다.

도서출판 **행복에너지** 임직원 일동

배세일움 사용서

문홍선 지음, 서성례 감수 지음 | 값 20,000원

『배세일움 사용서』는 씩씩하게 그리고 힘차고 즐겁게 인생을 살아가는 '다섯 명 패밀리'에 대한 이야기이다. 책 속 일상에서 마주치는 이런저런 깨달음이나 생각은 때로는 큰 의미로, 때로는 별 것 아닌 장난으로 다가온다. 나침반처럼 일상을 안내하고 손전등처럼 삶의 수수께끼를 비추는 이 '사용서'를 통해 독자들은 삶이라는 요리에 양념을 더하듯 작가의 유쾌한 철학을 전달받을 수 있을 것이다.

2주 만에 살 빼는 법칙

고바야시 히로유키 지음 방민우 · 송승현 번역 | 값 17,000원

진정한 다이어트를 위해서는 자신의 몸, 특히 몸과 마음의 건강 전체를 총괄하는 '장'을 이해하고 돌보는 것이 최우선이 되어야 한다는 것이 이 책이 제시하는 '2주 만에 살 빼는 법칙'이다. 특히 이 책은 자신의 몸을 이해하고 돌보는 방법으로 최신 의학 이론에 기반한 '장활'과 '변활'을 제시하며, '장 트러블' 해결을 통해 체중 감량을 포함한 다양한 문제를 해결할 수 있도록 돕는다.

내 사랑 모나무르(MON AMOUR)

윤경숙 지음 | 값 15,000원

이 책 『내 사랑, 모나무르』는 가난 속에서도 희망을 잃지 않고 자신이 꿈꾸는 방향으로 계속 걸어 나간 끝에 가족과 세상으로부터 받은 사랑과 행복을 더 많은 사람들과 나누려고 하는 모나무르 윤경숙 대표의 에세이다. 윤 대표의 진심을 담은 이 책은 거창하게 뒷짐 지고 서서 내지르는 일장 연설이 아니라, 조용하지만 진심을 담은 따뜻한 속삭임을 통해, 지금 지치고 힘든 이들에게 조금이라도 희망을 주고 싶은 마음을 담은 책이다.

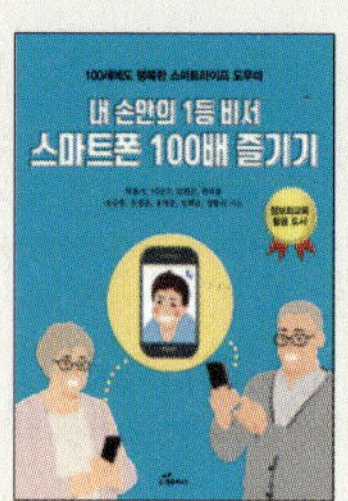

내 손안의 1등 비서 스마트폰 100배 즐기기

박용기 외 8인 지음 | 값 25,000원

이 책은 스마트 사회에서 사각지대에 놓이기 쉬운 실버 세대들이 현대 사회의 필수 도구인 스마트폰을 쉽게 익혀 생활에 활용할 수 있도록 안내하고 있다. 스마트폰의 가장 기본적인 기능과 어르신들에게 꼭 필요한 앱을 중심으로 다루고 있으며 사진과 함께 큰 글씨로 쉬운 설명을 곁들여 누구나 금세 손에 익힐 수 있게 구성되어 있다. 특히 실버 세대의 니즈에 맞춘 스마트폰 기능에 초점을 두고 있는 것이 특징이다.

국회 국정감사 실전 전략서

제방훈 지음 | 값 22,000원

이 책 『국회 국정감사 실전 전략서』는 저자 제방훈 보좌관이 자신의 경험과 지식을 기반으로 엮어 낸 국회의원과 보좌관들의 국정감사 전략, 공무원들의 피감기관으로서 갖춰야 할 자세, 그리고 더 나은 국정감사를 위해 국회와 정부, 기업에 던지는 미래 제언을 담고 있다. 특히 정치에 관심을 가진 일반 국민들에게는 의회민주주의의 꽃이라고 할 수 있는 국정감사의 본질과 생생한 면모를 보여줄 수 있는 책이 될 것이다.

당질량 핸드북

방민우 지음 | 값 13,000원

이 책 『당질량 핸드북』은 수많은 다이어트법 중에서도 최근 주목받고 있는 '키토제닉 다이어트'에 기반한 저당질 식이요법을 돕는 가이드북으로서 전작 『당질 조절 프로젝트』의 후속작 개념의 책이다. 실제 저당질 식단을 실천하려는 사람들을 위한 기본 개념, 우리가 먹는 주요 식재료와 음식에 포함된 당질량 수치, 저당질로 맛있는 음식을 즐길 수 있는 요리 레시피 등을 풍성하게 소개하여 당질 조절 다이어트를 실천하는 데에 실질적 도움을 준다.